DATE DUE

DE 22 '95			
AG 1 '01			

DEMCO 38-296

TRES NOVELAS LATINOAMERICANAS

Martín Rivas · María · Amalia

Especially adapted for intermediate students

National Textbook Company
a division of NTC *Publishing Group* • Lincolnwood, Illinois USA

Tres novelas
latinoamericanas

Published by National Textbook Company, a division of NTC Publishing Group.
© 1993, 1986, 1978 by NTC Publishing Group, 4255 West Touhy Avenue,
Lincolnwood (Chicago), Illinois 60646-1975 U.S.A.

2 3 4 5 6 7 8 9 ML 9 8 7 6 5 4 3 2 1

Preface

Themes and subjects of universal interest to young people are dealt with in these three adaptations of well-known Latin American novels. Care has been taken to simplify both the vocabulary and grammar for the intermediate student, without sacrificing any of the original tone or flavor. Difficult vocabulary and expressions are explained in Spanish—with English used only when necessary.

Martín Rivas, the first story in this anthology, tells of the hopes and ambitions of a Chilean boy who leaves his home in the country suddenly to find himself embroiled in revolution, politics, and the confusions of urban life in Chile's capital, Santiago. *María* tells a poetic and tragic love story set in Columbia. It is sure to evoke student sympathy and response, as will *Amalia,* the tale of a young Argentine woman willing to risk everything for the revolutionary she loves. Set in different South American locales, these three stories provide a fine introduction to Hispanic literature—one that may serve as motivation for further literary study.

Martín Rivas, María, and *Amalia* have all been recorded on cassette tape for classroom use. The cassette may be used to develop listening comprehension, for oral reading, for classroom dramatization, or for individualized instruction.

The following collections of popular novels are also available from the publisher with the accompanying cassettes: *Tres novelas españolas (La gitanilla, El alcade de Zalamea,* and *El capitán Veneno*) and *Dos novelas picarescas (Lazarillo de Tormes* and *Gil Blas de Santillana*).

Martín Rivas

por Alberto Blest Gana

La llegada a Santiago

A principios del mes de julio de 1850 atravesaba la puerta de la calle de una hermosa casa de Santiago un joven de veintidós a veintitrés años. Su traje y sus maneras estaban muy distantes de asemejarse a las maneras y al traje de los elegantes de la capital. Todo en aquel joven revelaba al provinciano que viene por primera vez a Santiago.

El modo como aquél se acercó a un criado que se balanceaba, mirándole, apoyado en el umbral de una puerta que daba al primer patio, manifestaba también la timidez del que penetra en un lugar desconocido y recela de la acogida que le espera.

Cuando el provinciano se halló bastante cerca del criado, que continuaba observándole, se detuvo e hizo un saludo, al que el otro contestó con aire protector, inspirado tal vez por la triste catadura del joven.

—¿Será ésta la casa del señor don Dámaso Encina? —preguntó éste, con voz en la que parecía reprimirse apenas el disgusto que aquel saludo insolente pareció causarle.

—Aquí es—contestó el criado.

—¿Podría Ud. decirle que un caballero desea hablar con él?

A la palabra «caballero» el criado pareció rechazar una sonrisa burlona. —¿Y cómo se llama Ud.?— preguntó con voz seca.

provinciano: persona que viene de la provincia, no de la capital

se balanceaba: (was lounging)

umbral: entrada

recela: teme, tiene miedo de
acogida: recepción

catadura: apariencia, aspecto

reprimirse: (be restrained)

rechazar: ocultar, esconder

—Martín Rivas—contestó el provinciano, tratando de dominar su impaciencia, que no dejó por esto de reflejarse en sus ojos.

—Espérese, pues—le dijo el criado; y entró con paso lento a las habitaciones del interior.

Daban en ese instante las doce del día.

Nosotros aprovecharemos la ausencia del criado para dar a conocer más ampliamente a Martín Rivas.

Era joven de regular estatura y bien proporcionadas formas. Sus ojos negros, sin ser grandes, llamaban la atención por el aire de melancolía que comunicaban a su rostro. Un bigote pequeño cubría el labio superior. Su cabello era de color castaño. El conjunto de su persona tenía cierto aire de distinción que contrastaba con la pobreza del traje.

El encuentro

Por fin se abrió una puerta y apareció el mismo criado con quien Martín acababa de hablar.

—Que pase para adentro—dijo al joven.

Martín siguió al criado hasta una puerta en la que éste se detuvo.

—Aquí está el patrón—dijo, señalándole la puerta.

El joven pasó el umbral y se encontró con un hombre que rayaba en la vejez sin haber entrado aún en ella. Su traje negro, su cuello bien almidonado, el lustre de sus botas de becerro, indicaban el hombre metódico, que somete su persona, como su vida, a reglas invariables. Perfectamente afeitado y peinado, el rostro y el pelo de aquel hombre manifestaban que el aseo era una de sus reglas de conducta.

almidonado: (starched)

becerro: (calfskin)

aseo: (neatness)

Al ver a Martín, se quitó una gorra con que se hallaba cubierto y se adelantó con una de esas miradas que equivalen a una pregunta. El joven la interpretó así, e hizo un ligero saludo, diciendo:

gorra: (cap)

—¿El señor don Encina?

—Yo, señor un servidor de Ud.—contestó el preguntado.

Martín sacó del bolsillo de la levita una carta que puso en manos de don Dámaso con estas palabras:

levita: abrigo (frock-coat)

—Tenga Ud. la bondad de leer esta carta.

—¡Ah, es Ud. Martín!—exclamó el señor Encina, al leer la firma, después de haber roto el sello.

—Y su padre de Ud. ¿cómo está?

—Ha muerto—contestó Martín con tristeza.

—¡Muerto!—repitió con asombro el caballero. Luego, como preocupado de una idea repentina, añadió:

—Siéntese, Martín; dispénseme que no le haya ofrecido asiento, ¿y esta carta . . . ?

—Tenga Ud. la bondad de leerla—contestó Martín.

Don Dámaso se acercó a una mesa de escritorio, puso sobre ella la carta, tomó unos anteojos que limpió cuidadosamente con su pañuelo y colocó sobre sus narices. Luego principió la lectura de la carta.

anteojos: gafas (eyeglasses)

La carta de José Rivas

La carta decía lo siguiente:

«Mi estimado y respetado señor:

«Me siento gravemente enfermo y deseo, antes que Dios me llame a su divino tribunal, recomendarle a mi hijo, que en breve será el único apoyo de mi desgraciada familia. Tengo muy cortos recursos, y he hecho mis últimas disposiciones, para que después de mi muerte puedan mi mujer y mis hijos aprovecharlas lo mejor posible. Con los intereses de mi pequeño caudal tendrá mi familia que subsistir pobremente para poder dar a Martín lo necesario hasta que concluya en Santiago sus estudios de abogado. Según mis cálculos, sólo podrá recibir veinte pesos al mes, y como le sería imposible con tan módica suma satisfacer sus estrictas necesidades, me he acordado de Ud. y me he atrevido a pedirle el servicio de que le hospede en su casa hasta que pueda por sí solo ganar su subsistencia. Este muchacho es mi única esperanza, y si Ud. le hace la gracia que para él humildemente solicito, tendrá Ud. las bendiciones de su santa madre en la tierra y las mías en el cielo, si Dios me concede su eterna gloria después de mi muerte.

caudal: cantidad de dinero

Mande a su seguro servidor que sus plantas besa,

José Rivas.»

Don Dámaso se quitó los anteojos con el mismo

cuidado que había empleado para ponérselos, y los colocó en el mismo lugar que antes ocupaban.

—¿Ud. sabe lo que su padre me pide en esta carta? —preguntó, levantándose de su asiento.

—Sí, señor—contestó Martín.

—¿Y cómo se ha venido Ud. de Copiapó?

—Sobre la cubierta del vapor—contestó el joven con orgullo.

la cubierta del vapor: (the deck of a ship)

—Amigo—dijo el señor Encina—su padre era un buen hombre y le debo algunos servicios que me alegraré de pagarle en su hijo. Tengo en los altos dos piezas desocupadas y están a la disposición de Ud. ¿Trae Ud. equipaje?

—Sí, señor.

—¿Dónde está?

—En la posada de Santo Domingo.

—El criado irá a traerlo; Ud. le dará las señas.

Don Dámaso

Martín se levantó de su asiento y don Dámaso llamó al criado.

—Anda con este caballero y trae lo que él te dé—le dijo.

—Señor—dijo Martín—no hallo cómo dar a Ud. las gracias por su bondad.

—Bueno, Martín, bueno—contestó don Dámaso— está Ud. en su casa. Traiga Ud. su equipaje y arréglese allá arriba. Yo ceno a las cinco; véngase un poquito antes para presentarse a la señora.

Martín dijo algunas palabras de agradecimiento y se retiró.

La casa en donde hemos visto presentarse a Martín Rivas estaba habitada por una familia compuesta de don Dámaso Encina, su mujer, una hija de diecinueve años, un hijo de veintitrés, y tres hijos menores, que por entonces recibían su educación en el colegio de los padres franceses.

Don Dámaso se había casado a los veinticuatro años con doña Engracia Núñez, más bien por especulación que por amor. Doña Engracia carecía de belleza; pero poseía una **herencia de treinta mil** pesos que inflamó la pasión del joven Encina hasta el punto de hacerle solicitar su mano.

Don Dámaso era dependiente de una casa de comercio en Valparaíso y no tenía más bienes de fortuna que su escaso sueldo. Al día siguiente de su matrimonio podía girar con treinta mil pesos. Su ambición desde ese momento no tuvo límites. Enviado por asuntos de la casa en que servía, don Dámaso llegó a Copiapó un mes después de casarse. Su buena suerte quiso que, al cobrar un documento de muy poco valor que su patrón le había endosado, Encina se encontrase con un hombre de bien que le dijo lo siguiente:

—Ud. puede ejecutarme; no tengo con qué pagar. Mas si en lugar de cobrarme quiere Ud. arriesgar algunos medios, le firmaré a Ud. un documento por valor doble que el de esa letra y cederé a Ud. la mitad de una mina que poseo y que estoy seguro de que hará un gran alcance en un mes de trabajo.

ejecutarme: matarme

arriesgar: poner en peligro

hará un gran alcance: (will make a rich strike)

Don Dámaso examinó la mina y comenzó su ataque.

—Yo no entiendo nada de esto—dijo;—pero no me desagradan las minas en general. Cédame Ud. doce barras y obtengo de mi patrón nuevos plazos para su deuda y quita de algunos intereses. Trabajaremos la mina a medias y haremos un contratito en el cual Ud. se obligue a pagarme el uno y medio por los capitales que yo invierta en la explotación y a preferirme cuando Ud. quiera vender su parte o algunas barras.

barras: (shares of stock; 12 barras era la mitad del valor de la mina)
plazos: (extensions of credit)
quita: (removal)

Don José se hallaba amenazado de ir a la cárcel, dejando en el más completo abandono a su mujer y a su hijo Martín, de un año de edad. Antes de aceptar aquella propuesta hizo, sin embargo, algunas objeciones inútiles, porque Encina se mantuvo en los términos de su proposición, y fue firmado el contrato bajo las bases que éste había propuesto.

Leonor

Desde entonces don Dámaso se estableció en Copiapó como agente de la casa de comercio de Valparaíso en la que había servido, y administró por su cuenta algunos otros negocios que aumentaron su capital.

Durante un año la mina costeó sus gastos y don
Dámaso compró poco a poco a Rivas toda su parte,
quedando éste en calidad de administrador. Seis meses
después de comprar la última barra, sobrevino un gran
alcance, y pocos años más tarde, don Dámaso Encina
compraba un valioso fundo de campo cerca de San- fundo: (country estate)
tiago y la casa en que le hemos visto recibir al hijo del
hombre a quien debía su riqueza.

Gracias a ésta, la familia de don Dámaso era con-
siderada como una de las más aristocráticas de Santiago, y se distinguía por el gusto hacia el lujo.

Magnífico cuadro formaba aquel lujo a la belleza cuadro: (picture)
de Leonor, la hija predilecta de don Dámaso y de doña
Engracia. Leonor resplandecía rodeada de ese lujo resplandecía: (shone)
como un brillante entre el oro y pedrerías de un rico pedrerías: joyas preciosas
aderezo. aderezo: (finery)

El color un poco moreno de su cutis y la fuerza de
expresión de sus grandes ojos verdes, guarnecidos guarnecidos: (garnished)
de largas pestañas, los labios húmedos y rosados, la pestañas: (eye lashes)
frente pequeña, limitada por abundantes y bien
plantados cabellos negros, las arqueadas cejas y los
dientes para los cuales parecía hecha a propósito la
comparación tan usada con las perlas; todas sus facciones, en fin, con el óvalo delicado del rostro, formaban
en su conjunto una belleza ideal de las que hacen
bullir la imaginación de los jóvenes y revivir el cuadro
de pasadas dichas de los viejos.

Don Dámaso y doña Engracia tenían por Leonor la
predilección de casi todos los padres por el más hermoso de sus hijos. Y ella, mimada desde temprano, se
había acostumbrado a mirar sus perfecciones como
una arma de absoluto dominio entre los que la rodea-
ban, llevando su orgullo hasta oponer sus caprichos caprichos: deseos
al carácter y autoridad de su madre.

Como salió Martín de Copiapó

En la época en que principia esta historia, la familia
Encina acababa de celebrar con un magnífico baile
la llegada de Europa del joven Agustín, de veintitrés años de edad y hermano de Leonor. Agustín había
traído del viejo mundo gran acopio de ropa y alhajas, acopio: cantidad

a cambio de los conocimientos que no se había cuidado de adquirir en su viaje. Su pelo rizado, la gracia
de su persona, y su perfecta elegancia hacían olvidar
lo vacío de su cabeza y los treinta mil pesos invertidos
en hacer pasear la persona del joven por los enlosados
de las principales ciudades europeas.

enlosados: (sidewalks)

La llegada de Agustín y algunos buenos negocios
habían predispuesto el ánimo de don Dámaso hacia
la benevolencia con que le hemos visto acoger a
Martín y hospedarle en su casa.

. . . . . .

Martín Rivas había abandonado la casa de sus
padres en momentos de dolor y de luto para él y su
familia. Con la muerte de su padre, no le quedaban
en la tierra más personas queridas que doña Catalina
Salazar, su madre, y Matilde, su única hermana.

Un día, don José, el padre, conoció que su fin se
acercaba y llamó a su mujer y a sus dos hijos.

—Este es mi testamento—les dijo, mostrándoles el
que había hecho extender el día anterior;—y aquí hay
una carta que Martín llevará en persona a don Dámaso Encina que vive en Santiago.

Luego, tomando una mano a su hijo:

—De ti va a depender en adelante—le dijo—la
suerte de tu madre y de tu hermana. Ve a Santiago
y estudia con empeño; Dios premiará tu constancia y
tu trabajo.

Ocho días después de la muerte de su padre, Martín
tomó pasaje en la cubierta del vapor, y llegó a Valparaíso, animado del deseo de estudiar.

Nada de lo que vio en aquel puerto ni en la capital
llamó su atención. Sólo pensaba en su madre y en su
hermana, y le parecía oír en el aire las últimas y sen-
cillas palabras de su padre.

De altivo carácter y concentrada imaginación,
Martín había vivido hasta entonces, aislado por su
pobreza y separado de su familia, en casa de un viejo
tío que residía en Coquimbo, donde el joven había
hecho sus estudios mediante la protección de aquel
pariente. Los únicos días de felicidad eran los que las

vacaciones le permitían pasar al lado de su familia. En ese aislamiento todos sus afectos se habían concentrado en su familia, y al llegar a Santiago juró regresar de abogado a Copiapó y cambiar la suerte de su madre y de su hermana.

Con tales ideas arreglaba Martín su modesto equipaje en las piezas de los altos de la hermosa casa de don Dámaso Encina.

Entre la familia

A las cuatro y media de la tarde, un criado se presentó ante el joven y le anunció que su patrón le esperaba en la cuadra.

Cuando Martín entró en la pieza en que se hallaba la familia, don Dámaso le presentó a su mujer y a Leonor, que le hicieron un ligero saludo. En ese momento entró Agustín, a quien su padre presentó al joven Rivas, que recibió del elegante una pequeña inclinación de cabeza.

Esta fría acogida bastó para desconcertar al provinciano, que permanecía de pie, sin saber cómo colocar sus brazos, ni encontrar una actitud parecida a la de Agustín, que pasaba sus manos entre su perfumada cabellera. La voz de don Dámaso, que le ofrecía asiento, le sacó de la tortura en que se hallaba, y mirando al suelo, tomó una silla distante del grupo que formaban doña Engracia, Leonor, y Agustín.

Don Dámaso, que era hablador, le dirigió la palabra para informarse de las minas de Copiapó. Martín vio, al contestar, dirigidos hacia él, los ojos de la señora y sus hijos. Esta circunstancia, lejos de aumentar su turbación, pareció infundirle una seguridad y aplomo repentinos, porque contestó con acierto y voz entera, fijando con tranquilidad su vista en las personas que le observaban como a un objeto curioso.

infundirle: darle
aplomo: serenidad

Un criado se presentó, anunciando que la comida estaba en la mesa. Agustín ofreció el brazo izquierdo a su madre y don Dámaso ofreció su brazo a Leonor, y volviéndose hacia Martín:

—Vamos a comer, amigo—le dijo, siguiendo tras de su esposa y de su hijo.

Aquella palabra «amigo,» con que don Dámaso le convidaba, manifestó a Martín la inmensa distancia que había entre él y la familia de su huésped.

convidaba: invitaba

Terminada la comida, todos salieron del comedor en el orden en que habían entrado, y en el salón continuó cada cual con su tema favorito.

Agustín hablaba a su madre del café que tomaba en Tortón; don Dámaso de la política liberal a Martín, y Leonor hojeaba un libro de grabados ingleses al lado de una mesa.

A las siete pudo Martín libertarse de los discursos republicanos de su huésped y retirarse del salón.

Los zapatos de charol

Martín tomó su sombrero y bajó a la calle. El deseo de conocer la población y el movimiento de ésta le volvieron la tranquilidad. Además, deseaba comprar algunos libros y preguntó por una librería al primero que encontró al paso. Dirigiéndose por las indicaciones que acababa de recibir, Martín llegó a la Plaza de Armas.

En la plaza se veían corrillos de oficiales de zapatería que ofrecían un par de botines o de botas a todo el que por allí pasaba a esas horas. Al llegar Martín a la plaza un hombre se acercó a él, diciéndole:

corrillos: grupos
oficiales de zapatería: vendedores de zapatos

—¿Un par de botines de charol, patrón?

Estas palabras despertaron en su memoria el recuerdo del lustroso calzado de Agustín. Pensó que con un par de botines de charol haría mejor figura en la elegante familia que le admitía en su seno: era joven, y no se arredró ante la escasez de su bolsillo.

no se arredró: no tenía miedo

—A ver los botines—dijo Martín.

Rivas se sentó lleno de confianza y se despojó de su tosco botín, tomando uno de los que el hombre le presentaba. Mas no fue pequeño su asombro cuando, al hacer esfuerzos para entrar el pie, se vio rodeado de seis individuos, de los cuales cada uno le ofrecía un par de calzado, hablándole todos a un tiempo.

se despojó: quitó
tosco botín: (rough shoes)

El primer par fue desechado por estrecho, el segundo por ancho, y por muy caro el tercero.

Entre tanto el número de zapateros había aumen-

tado considerablemente en derredor del joven, que, cansado de la porfiada insistencia de tanto vendedor reunido, se puso su viejo botín y se incorporó, diciendo que compraría en otra ocasión. *porfiada: (obstinate)*

En esto uno de los zapateros le insultó; y Rivas le empujó con tal fuerza al hombre que éste fue a caer al pie de sus compañeros.

El zapatero se levantó y arremetió al joven con furia. Una riña de pugilato se trabó entonces entre ambos, con gran alegría de los otros. *arremetió: (charged)* *riña de pugilato: (fist fight)*

Pronto llegó un policial que tomó a Martín de un brazo y al zapatero de otro y los llevó al cuartel de policía. *cuartel: (headquarters)*

Allí Martín esperó que el oficial de guardia hiciera justicia a su causa, pero éste oyó su relación y dio orden de hacerle entrar hasta la llegada del mayor.

El mayor llegó a las doce de la noche y concedió audiencia a Martín. Después de la relación que éste hizo del suceso, el mayor vio que las palabras del joven hablaban más en su favor que la pobreza de su traje, y dio orden de ponerle en libertad.

Martín llegó a las doce y media a la casa de su protector y encontró cerrada la puerta. Dio algunos ligeros golpes que nadie, al parecer, oyó en el interior de la casa, y se retiró. Pasó el resto de la noche recorriendo las calles sin alejarse mucho de la casa de don Dámaso.

Una oferta rechazada

Al día siguiente pudo Martín entrar a la casa cuando se abría la puerta para dar paso al criado que iba a la plaza. Don Dámaso vio a Martín que se dirigía a su escritorio y le abrió la puerta.

—¿Cómo se ha pasado la noche, Martín?—preguntó, contestando el saludo del joven.

—Muy desgraciadamente, señor—contestó éste.

—¡Cómo! ¿No ha dormido Ud. bien?

—He pasado en la calle la mayor parte.

Don Dámaso abrió tamaños ojos.

—¡En la calle! ¿Y dónde estuvo Ud. hasta las doce, hora en que se cerró la puerta?

—Estuve preso en el cuartel de policía.

artín, incómodo en su nuevo traje, se dirigió a la Plaza de Armas para servar las maravillas de la gran ciudad.

Martín refirió entonces su aventura. Al terminar
vio que su protector hacía visibles esfuerzos para
contener la risa.

—Siento en el alma lo que le ha sucedido—dijo don
Dámaso, apelando a toda su seriedad;—y para olvidar
este desagradable suceso hablaré a Ud. de un proyecto
que tengo relativo a su persona.

—Estoy a sus órdenes—contestó el joven.

—Dispondrá Ud. de muchas horas desocupadas en
el día después de atender de sus estudios, y desearía
saber si Ud. tiene inconveniente en ocuparse de mi
correspondencia y de algunos libros' que llevo para
el arreglo de mis negocios. Yo daré a Ud. por este
servicio treinta pesos al mes y me alegraré mucho de
que Ud. acepte mi proposición. Será Ud. como mi
secretario.

—Señor,—contestó Martín—acepto la ocasión que
Ud. me presenta de corresponder en algo a la bondad
con que Ud. me trata y llevaré gustoso sus libros y
correspondencia; pero me permitirá no aceptar el
sueldo con que Ud. quiere retribuir tan ligero servicio.

—Pero hombre, Ud. es pobre, Martín, y así podría
Ud. disponer de cincuenta pesos.

—Quiero más bien disponer del aprecio de Ud.—
contestó Rivas con un acento de dignidad que hizo
sentir a don Dámaso cierto respeto por aquel pobre
provinciano, que rechazaba un sueldo que muchos en   rechazaba: negó a aceptar
su lugar habrían codiciado.   codiciado: deseado mucho,
                                                         envidiado

Rafael San Luis

Después de almorzar, Martín se informó de la situación del Instituto Nacional y de los pasos que debía
dar para incorporarse a la clase de práctica forense en   práctica forense: (legal
la sección universitaria.   procedure)

Practicadas todas sus diligencias, regresó a casa de
don Dámaso y se puso a trabajar en el escritorio de
éste.

Desde el día siguiente principió Martín sus tareas
universitarias con el empeño del joven que vive con-
vencido de que el estudio es la única base de un
porvenir feliz, cuando la suerte le ha negado la riqueza.

Su pobre y anticuado traje provinciano llamó desde el primer día la atención de sus condiscípulos, la mayor parte jóvenes elegantes, que llegaban a la clase con los recuerdos de un baile de la víspera. Todos miraron a Rivas como a un pobre diablo que no merecía atención. Martín se mantuvo digno de su aislamiento, sin más satisfacción que la de manifestar sus buenas aptitudes para el estudio cuando la ocasión se le presentaba.

Una circunstancia había llamado su atención, y era la ausencia de un individuo a quien los demás nombraban con frecuencia.

—¿Rafael San Luis, no ha venido?—oía preguntar casi todos los días.

Dos meses después de su incorporación a la clase, notó Martín la presencia de un alumno a quien todos saludaban cordialmente, dándole el nombre que había oído ya. Era un joven de veintitrés a veinticuatro años, de pálido semblante y facciones de una finura casi femenil, que ponían en relieve la fina curva de un bigote negro y lustroso. Sus ojos, sin ser grandes, parecían brillar con los destellos de una inteligencia poderosa y con el fuego de un corazón elevado y varonil. Esta expresión enérgica de su mirada cuadraba muy bien con las elegantes proporciones de un cuerpo de regular estatura.

destellos: (sparks)

varonil: (masculine, manly)

Martín y Rafael llegaron a ser amigos inmediatamente.

El picholeo

Una noche Rafael San Luis llevó a su nuevo amigo a un «picholeo» en casa de una familia «de medio pelo.»

La familia se componía de una viuda, un varón, y dos hijas. La viuda se llamaba doña Bernarda Cordero de Molina, y tenía unos cincuenta años. Las hijas se llamaban Adelaida y Edelmira. Adelaida era ambiciosa y quería casarse con un caballero rico. Edelmira era una niña suave y romántica, cuyo corazón era una esponja a la que haría dilatarse la menor gota de

"picholeo": (Chilean slang for drinking party)

"de medio pelo": (shabby-genteel people)

varón: muchacho, hijo

esponja: (sponge)

sentimiento. El varón se llamaba Amador. Tenía veintiséis años de edad y ni un adarme de juicio en el cerebro.

Rafael contó a Martín que el amartelado galán de Adelaida era Agustín Encina, pero dijo que Edelmira no quería a nadie, a pesar de los rendidos suspiros de un capitán de policía que le ofrecía seriamente su mano. Resultó que este oficial, llamado Ricardo Castaños, era el que había recibido a Martín en el cuartel policial y le había tratado muy mal.

amartelado galán: joven enamorado

Agustín Encina asistió al «picholeo» y bailó con Adelaida.

Martín conversó con Edelmira y comprendió que ella tenía más inteligencia y sentimientos más nobles que la familia y la sociedad en que la joven vivía. Allí empezó una amistad entre los dos que más tarde tendría consecuencias importantes en la vida de ambos.

El «picholeo» duró hasta la madrugada, cuando ya casi todos se hallaban en estado de embriaguez.

embriaguez: (intoxication)

Martín pasó el resto de la noche con Rafael, que tenía un cuarto con magníficos muebles en la casa de su tía. Los amigos cambiaron confidencias y Martín le dijo de su amor a Leonor.

Durante las semanas siguientes Martín y Edelmira volvieron a verse de vez en cuando y ella se enamoró de él, pero no tenía esperanzas de casarse con él porque Martín le confesó su amor a Leonor.

Mientras tanto Agustín había dicho a su hermana, Leonor, que Martín estaba enamorado de Edelmira, y Leonor se puso celosa sin saber por qué.

Una carta de Edelmira

Un día Martín recibió esta carta de Edelmira:

«Ud. es mi único amigo, y como me lo ha dicho varias veces, confío en su palabra. Por eso me dirijo a Ud., cuando los que pudieran aconsejarme me abandonan o me persiguen. En mi pesar vuelvo los ojos al que tal vez tenga palabras de consuelo con que secar el llanto que los llena, y por eso quiero confiarle, Martín, lo que sucede. Mi madre quiere casarme con Ricardo Castaños, que me ha pedido. Ud. siempre me

consuelo: (consolation)

ha manifestado amistad y me aconsejará en este caso,
contando con que siempre se lo agradecerá su amiga,

Edelmira Molina.»

En su respuesta Martín escribió: «Nadie es mejor
juez que uno mismo, Edelmira, en asuntos como el
que a Ud. le ocupa; consulte Ud. su corazón. El corazón habla muy alto en estos casos.»

Castaños insistió en que Edelmira se casara con él,
y se fijó el 15 de diciembre para celebrar el matrimonio.

Edelmira escribió otra vez a Martín, pidiéndole su
apoyo para poner en ejecución el único plan que podía
salvarla. Su plan se reducía a huir de la casa materna
y aislarse en la de una tía que vivía en el pueblo de   aislarse: apartarse,
Renca.   esconderse, estar sola

Martín la llevó en un carruaje a Renca. Don Dámaso supo de ello y pidió a Martín que dejara su casa.
El joven fue a Copiapó para pasar las vacaciones con
su madre y su hermana. Al regresar a Santiago, fue
a vivir con Rafael San Luis.

Edelmira supo que ella había sido la causa de la
infelicidad de Martín y resolvió ayudarle. Fue a Santiago llevando las cartas que Martín le había escrito,
las enseñó a Leonor, y le probó con ellas que Martín
estaba enamorado de Leonor.

Leonor persuadió a sus padres de la inocencia de
Martín y éstos enviaron a Agustín para invitarle a volver a su casa. Martín prometió visitarles pero no prometió volver a vivir con ellos por razones que sabremos
en el próximo capítulo.

Una declaración del amor

A fines de 1850 y a principios de 1851 hubo en
Santiago conflictos entre dos partidos políticos; el liberal, representado por la Sociedad de la Igualdad, y el
conservador, representado por el gobierno nacional.

Los liberales se vieron perseguidos por los conserva-
dores y, contando con el apoyo del batallón Valdivia
del ejército, hicieron planes para una revolución.

Rafael San Luis era uno de los jefes revolucionarios

y persuadió a Martín a asociarse a la causa liberal.
La guerra iba a estallar temprano, en la mañana del 20
de abril.

estallar: empezar, (break out)

La noche anterior, Martín escribió una carta a Leonor en la que declaró su amor por ella y le dijo de su
próxima participación en la revolución.

Los dos amigos se armaron de espadas y pistolas.

—La hora de ir a nuestro puesto se acerca—dijo
Rafael, mirando el reloj que apuntaba las tres;—
¿tienes ahí tu carta?

—Sí, —contestó Martín.

—He pagado un peso al criado de don Dámaso para
que me espere, prometiéndole ocho al entregarle tu
carta.

Salieron de la casa de la tía de Rafael y pronto
llegaron a la casa de don Dámaso Encina. Al llegar a
ésta Rafael dijo a Martín:

—Espérame aquí.

Y llegó a la puerta de calle que golpeó suavemente.
El criado abrió al instante.

—Entregarás esta carta a la señorita Leonor—le
dijo, dándole la carta de Martín;—es necesario que se
la des apenas se levante y en sus propias manos. Aquí
tienes tu plata.

Llamó en seguida a Martín y fueron juntos al patio
de una casa vieja.

Pocos instantes después empezaron a llegar grupos
de dos y de tres hombres, armados con pistolas que
ocultaban bajo las mantas o las chaquetas.

mantas: capas

Revolución

Rafael San Luis los juntó y distribuyó en dos grupos
a los que dio lo mejor que pudo una formación militar.
Confirió el mando de uno de esos grupos a Martín y
a otro joven el del otro, reservándose el mando en
jefe para sí.

confirió: dio

Formada en batalla toda su gente, Rafael les hizo
una ligera arenga, apelando al valor chileno. Después
de esto dio a uno de sus oficiales la orden de ir a la
plaza y de venir a avisar la llegada de los soldados que
allí debían reunirse. El emisario volvió al cabo de diez

arenga: (speech)

emisario: persona encargada de una misión secreta

minutos, anunciando que el batallón Valdivia iba llegando.

Dio entonces San Luis la señal de la marcha, y todos se dirigieron al punto designado, al que llegaron
pocos momentos después que el batallón Valdivia.

San Luis se reunió al coronel don Pedro Urriola, jefe
principal del motín, y conferenció con él y con los
demás jefes que habían concertado el movimiento. La
opinión de que la fuerza de línea y la cívica tomarían
parte en favor de ellos prevalecía en casi todos, pero
a las cinco y media de la mañana se había aumentado
muy poco la tropa revolucionaria, estacionada en la
Plaza de Armas desde las cuatro.

Decidióse, pues, principiar el ataque. Se dirigieron
a la Plaza y lograron sorprender el principal. También se tomó el cuartel de Bomberos, y las armas del
cuartel se repartieron al pueblo y se agregaron a los
sublevados los soldados de la guardia; lo mismo que
se hizo con los soldados de Chacabuco que estaban
en el principal.

Pero el éxito de los amotinados duró poco. Algunos
soldados del batallón Valdivia se insurreccionaron y
los partidarios de la administración aprovecharon para
la defensa los preciosos momentos que los revolucionarios habían perdido en inútiles escaramuzas y
vanas expectativas. Tocábase la generala en todos los
cuarteles, apercibíase el de Artillería para la resisten-
cia, reuníanse en la plazuela de la Moneda las com-
pañías de los cuerpos cívicos que se habían podido
poner sobre las armas y apoderábase la fuerza del
gobierno del Cerro de Santa Lucía, dominando las
calles circunvecinas.

Los revolucionarios atacaron el cuartel de Artillería,
depósito de armas y municiones. Allí hubo una batalla
sangrienta que los revolucionarios perdieron y en que
Rafael San Luis recibió heridas mortales. Martín le
llevó a una casa cercana en donde Rafael murió en los
brazos de su querido amigo.

Viendo que la revolución se había perdido, Martín
se escondió en la casa de don Dámaso Encina. Resultó
que Leonor ya había recibido la carta en que Martín

cuartel de Bomberos:
(firemen's headquarters)

se agregaron: se reunieron

sublevados: revolucionarios,
insurgentes

amotinados: participantes
en la revolución, rebeldes

escaramuzas: (skirmishes)

la generala: (general alarm)

apercibíase: apareció

circunvecinas: cercanas

declaró su amor y ella confesó que le amaba a él. Trató de ocultarle en su cuarto, pero los soldados del gobierno llegaron y le tomaron preso.

El gobierno resolvió castigar con la muerte a los jefes de la revolución, y a pesar de los esfuerzos de don Dámaso, Martín fue puesto en capilla. Su guardia era Ricardo Castaños, oficial de policía y pretendiente de Edelmira.

Leonor habló con Edelmira y ésta ofreció hacer todo lo posible para salvar la vida de Martín. Ella fue a Castaños y le dijo:

—Si Martín está libre mañana en la noche estoy dispuesta a casarme con Ud. el día que quiera.

—Estará libre o pierdo mi nombre—dijo el oficial, apoderándose de una mano de Edelmira y sellando con un ardiente beso aquella especie de juramento.

juramento: afirmación, (oath)

Cumpliendo su palabra a Edelmira, Castaños ayudó a Martín a escapar de la cárcel. Martín montó a caballo y fue a Valparaíso, donde se embarcó para el Perú.

Una carta de Martín

He aquí una carta que Martín Rivas escribió a su hermana:

Santiago, octubre 15 de 1851

«Cinco meses de ausencia, mi querida Mercedes, parece que en vez de entibiar, ha aumentado el amor profundo que alimenta mi pecho. He vuelto a ver a Leonor, más bella, más amante que nunca. La orgullosa niña que saludó con tan soberano desprecio al pobre mozo que llegaba de una provincia a solicitar el favor de su familia, tiene ahora para tu hermano tesoros de amor que le deslumbran.

deslumbran: (dazzle)

Agustín, siempre elegante y amigo de las frases a la francesa, se ha casado hace pocos días con Matilde, su prima. Hablándome de su felicidad, me dijo: "Somos felices como dos ángeles; nos amamos a la locura."

Fui al día siguiente de mi llegada a ésta, día domingo, a la Alameda; yo daba el brazo a Leonor. A poco andar divisamos una pareja que caminaba en dirección opuesta a la que llevábamos; pronto reconocí a Ricardo Castaños que con aire triunfal daba el brazo a Edelmira. Nos acercamos a ellos y hablamos largo rato. Después de la conversación, me pregunté si era feliz la pobre niña, y no he acertado a darme una respuesta satisfactoria, pues la tranquilidad y aun la alegría que noté en sus palabras, las desmentía la melancólica expresión de sus ojos.

desmentía: dijo que no era la verdad

Para informarte de una vez de todo lo relativo a esta familia, te diré que he sabido por Agustín que la hermana de Edelmira, Adelaida, se ha casado con un alemán, dependiente de una carrocería; que Amador anda ahora oculto y perseguido por sus acreedores que han resuelto alojarlo en la cárcel, y que doña Bernada, la madre, vive al lado de Edelmira.

Felicidad

«Una de mis primeras visitas ha sido consagrada a la tía de Rafael.—La pobre señora me refirió, con los ojos llenos de lágrimas, los pasos que su hermano don Pedro dio para encontrar el cadáver de mi desventurado amigo.—Salí de esa casa con el corazón despedazado, después de visitar las habitaciones de Rafael que su tía conserva tales como las dejamos en la noche del 19 de abril.—Esta es la única nube que empaña mi felicidad. — La vigorosa hidalguía de Rafael, su noble y varonil corazón, vivirán eternamente en mi memoria. Mi cariño a su memoria lo comprenderás en toda su extensión, querida hermana, cuando te digo que con Leonor hablo tanto de él como de nuestros proyectos de felicidad.

desventurado: (unfortunate)

empaña: (dims)

hidalguía: nobleza

Leonor ha podido conseguir que sus padres acepten nuestra unión con inequívocas muestras de alegría. Así lo deseaba ella y así ha sido. Don Dámaso, después de obtener mi indulto con poderosos empeños, ha tenido que reconocer delante de su hija que él, al casarse, no estaba en muy superior condición a la mía.

Doña Engracia se ha mostrado, como siempre, dócil a la voluntad de su hija; Agustín me trata como a un hermano; y todos los parientes de la familia siguen su ejemplo. Después de esto, ¿qué queda de agregar? Pintarte mi felicidad sería imposible. Leonor parece haber guardado para mí solo un tesoro de dulzura y de sumisión de que nadie la creía capaz. Ella dice que quiere borrar de mi memoria la altanería con que me trató al principio.   altanería: (haughtiness)

Transmite a mi madre el cariñoso abrazo que te envía tu amante hermano

Martín.»

Quince días después de enviar esta carta, Martín escribió otra a su hermana, participándole su enlace con Leonor.

Don Dámaso Encina encomendó a Martín la dirección de sus asuntos, para entregarse, con más libertad de espíritu, a las fluctuaciones políticas que esperaba le diesen algún día el sillón de senador.   diesen: (would give)

FIN

II

María

por Jorge Isaacs

La salida de la casa paterna

Era yo niño aún cuando me alejaron de la casa paterna para que diera principio a mis estudios en el colegio. . . . , establecido en Bogotá hacía pocos años, y famoso en toda la república por aquel tiempo. En la noche víspera de mi viaje, después de la velada, entró a mi cuarto una de mis hermanas, y sin decirme una sola palabra cariñosa, porque los sollozos le embargaban la voz, cortó de mi cabeza unos cabellos: cuando salió, habían rodado por mi cuello algunas lágrimas suyas.

Me dormí llorando y experimenté como un vago presentimiento de muchos pesares que debía sufrir después. Esos cabellos quitados a una cabeza infantil; esa precaución del amor contra la muerte delante de tanta vida, hicieron que durante el sueño vagase mi alma por todos aquellos sitios donde yo había pasado, sin comprenderlo, las horas más felices de mi existencia.

A la mañana siguiente mi padre desató de mi cabeza, humedecida por tantas lágrimas, los brazos de mi madre. Mis hermanas al decirme sus adioses las enjugaron con besos. María esperó humildemente su turno, y balbuciendo su despedida, juntó su mejilla sonrosada a la mía, helada por la primera sensación de dolor.

Pocos momentos después seguía yo a mi padre, que ocultaba el rostro a mis miradas. Las pisadas de nues-

me alejaron: me mandaron

diera principio: empezara

víspera: anterior

velada: visita nocturna de la familia

sollozos: (sobs)

embargaban: paralizaban

rodado: caído dando vueltas

experimenté: sentí

pesares: penas, tristezas

vagase: (wandered)

enjugaron: secaron

balbuciendo: (stammering)

mejilla: (cheek)

sonrosada: roja

ocultaba: escondía

pisadas: los ruidos que hacen los caballos al andar

21

tros caballos en el sendero pedregoso ahogaban mis últimos sollozos. Dábamos ya la vuelta a una de las colinas de la vereda en las que solían divisarse desde la casa viajeros deseados; volví la vista hacia ella buscando uno de tantos seres queridos: María estaba bajo las enredaderas que adornaban las ventanas del aposento de mi madre.

sendero: (path)
pedregoso: lleno de piedras
ahogaban: cubrieron el ruido de
vereda: camino angosto

enredaderas: plantas

aposento: dormitorio

El regreso

Pasados seis años, los últimos días de un lujoso agosto me recibieron al regresar al nativo valle. Mi corazón rebosaba de amor patrio.

rebosaba: tenía en abundancia

Era ya la última jornada de mi viaje, y yo gozaba de la más perfumada mañana del verano. El cielo tenía un tinte azul pálido: hacia el oriente y sobre las crestas altísimas de las montañas, medio enlutadas aún, vagaban algunas nubecillas de oro, como las gasas del turbante de una bailarina esparcidas por un aliento amoroso. Hacia el sur flotaban las nieblas que durante la noche habían embozado los montes lejanos.

jornada: parte

enlutadas: oscurecidas
nubecillas: nubes pequeñas
gasas del turbante: (gauze of the turban)
esparcidas: (scattered)
aliento: (breath)

embozado: cubierto

Mis ojos se habían fijado con avidez en aquellos sitios medio ocultos al viajero por las copas de añosos guaduales; en aquellos cortijos donde había dejado gentes virtuosas y amigas.

avidez: deseo

añosos guaduales: (aged groves of bamboo trees)
cortijos: fincas de campo

Antes de ponerse el sol, ya había yo visto blanquear sobre la falda de la montaña la casa de mis padres. Al acercarme a ella, contaba con mirada ansiosa los grupos de sus sauces y naranjos, a través de los cuales vi cruzar poco después las luces que se repartían en las habitaciones.

sauces: (willows)

Respiraba al fin aquel olor nunca olvidado del huerto que se vio formar. Las herraduras de mi caballo chispearon sobre el empedrado del patio. Oí un grito indefinible; era la voz de mi madre.

herraduras: (horseshoes)
chispearon: (struck sparks)
empedrado: pavimento

Cuando traté de reconocer en las mujeres que veía, a las hermanas que había dejado niñas, María estaba en pie junto a mí, y velaban sus ojos anchos párpados orlados de largas pestañas. Fue su rostro el que se cubrió de más notable rubor cuando al rodar mi brazo de sus hombros, rozó con su talle; y sus ojos estaban

párpados: (eyelids)
orlados: (fringed)
pestañas: (eyelashes)
rubor: (blush)
rozó: (it grazed)
talle: (waist)

humedecidos aún, al sonreír a mi primera expresión afectuosa, como los de un niño cuyo llanto ha acallado una caricia materna.

acallado: (quieted)

caricia: (caress)

La bienvenida

A las ocho fuimos al comedor, el cual estaba pintorescamente situado en la parte oriental de la casa. Desde él se veían las crestas desnudas de las montañas sobre el fondo estrellado del cielo. Las auras del desierto pasaban por el jardín recogiendo aromas para venir a juguetear con los rosales que nos rodeaban. El viento voluble dejaba oír por instantes el rumor del río. Aquella naturaleza parecía ostentar toda la hermosura de sus noches, como para recibir a un huésped amigo.

estrellado: con estrellas

ostentar: mostrar con orgullo

Mi padre ocupaba la cabecera de la mesa y me hizo colocar a su derecha; mi madre se sentó a la izquierda como de costumbre; mis hermanas y los niños se situaron indistintamente, y María quedó frente a mí.

cabecera: (head)

Mi padre, encanecido durante mi ausencia, me dirigía miradas de satisfacción, y sonreía con aquel su modo malicioso y dulce a un mismo tiempo, que no he visto nunca en otros labios. Mi madre hablaba poco, porque en esos momentos era más feliz que todos los que la rodeaban.

encanecido: ya con pelo gris

Mis hermanas se empeñaban en hacerme probar las colaciones y cremas; y se sonrojaba aquélla a quien yo dirigía una palabra lisonjera o una mirada examinadora.

se empeñaban: se insistían
colaciones: dulces
sonrojaba: (blushed)
lisonjera: (flattering, complimentary)

María me ocultaba sus ojos tenazmente; pero pude admirar en ellos la brillantez y hermosura de los de las mujeres de su raza, en dos o tres veces que a su pesar se encontraron de lleno con los míos; sus labios rojos, húmedos, y graciosamente imperativos, me mostraron sólo un instante el arco simétrico de su linda dentadura. Llevaba, como mis hermanas, la abundante cabellera castaño-oscura arreglada en dos trenzas, sobre el nacimiento de una de las cuales se veía un clavel encarnado.

raza: (race: María was Jewish)

dentadura: dientes

castaño-oscura: (dark chestnut)
trenzas: (braids)
clavel: (carnation)
encarnado: rojo

En casa de nuevo

Concluida la cena, los esclavos levantaron los man-
teles; uno de ellos rezó el «Padre nuestro» y sus amos
completamos la oración.

esclavos: (slaves)
Padre nuestro: (Lord's prayer)

La conversación se hizo entonces confidencial entre
mis padres y yo.

María tomó en los brazos el niño que dormía en su
regazo, y mis hermanas la siguieron a los aposentos;
ellas la amaban mucho y se disputaban su dulce afecto.

regazo: (lap)

Ya en el salón, mi padre, para retirarse, les besó la
frente a sus hijas. Quiso mi madre que yo viera el
cuarto que se me había destinado. Mis hermanas y
María, menos tímidas ya, querían observar qué efecto
me causaba el esmero con que estaba adornado. El
cuarto quedaba en el extremo del corredor del frente
de la casa: su única ventana tenía por la parte de
adentro la altura de una mesa cómoda; en aquel momento, estando abiertas las hojas y rejas, entraban
por ella floridas ramas de rosales a acabar de engalanar la mesa, en donde un hermoso florero de porcelana
contenía trabajosamente en su copa azucenas y lirios,
claveles y campanillas moradas del río.

que se me había destinado: donde iba a dormir
esmero: mucho cuidado
mesa cómoda: (bureau)
hojas y rejas: (shutters and iron gratings)
a acabar de engalanar: completamente adornando
trabajosamente: con dificultad
azucenas y lirios: (white lilies and lilies)
campanillas moradas: (purple bell-flowers)

Las cortinas del lecho eran de gasa blanca atadas
a las columnas con cintas anchas color de rosa; y cerca
de la cabecera, por una fineza materna, estaba la Dolorosa pequeña que me había servido para mis altares
cuando era niño. Algunos mapas, asientos cómodos y
un hermoso juego de baño completaban el ajuar.

lecho: cama
la Dolorosa: una estatua de la Virgen María
ajuar: (furnishings)

—¡Qué bellas flores!—exclamé al ver todas las que
del jardín y del florero cubrían la mesa.

—María recordaba cuánto te agradaban —observó
mi madre.

Volví los ojos para darle las gracias, y vi los suyos
como que se esforzaban en soportar aquella vez mi
mirada.

—María—dije—va a guardármelas, porque son nocivas en la pieza donde se duerme.

nocivas: (injurious)
pieza: cuarto

—¿Es verdad? — respondió—pues las repondré
mañana.

¡Qué dulce era su acento!

—¿Tantas así hay?

—Muchísimas; se repondrán todos los días.

Después mi madre me abrazó; Emma me tendió la
mano, y María, abandonándome por un instante la
suya, sonrió como en la infancia me sonreía: esa son-   la suya: su mano
risa hoyuelada era la de la niña de mis amores infanti-   hoyuelada: (dimpled)
les sorprendida en el rostro de una Virgen de Rafael.

Una visita al valle

Habían pasado tres días cuando me convidó mi   convidó: invitó
padre a visitar sus haciendas del valle, y fue preciso
complacerlo; por otra parte, yo tenía interés real a
favor de sus empresas.   empresas: negocios

Mi madre se empeñó vivamente por nuestro pronto   se empeñó: estaba ansiosa
regreso. Mis hermanas se entristecieron. María no me   se entristecieron: se
suplicó, como ellas, que regresase en la misma semana;   pusieron tristes
pero me seguía incesantemente con los ojos durante los   incesantemente: sin parar
preparativos del viaje.

En mi ausencia, mi padre había mejorado sus pro-
piedades notablemente: una costosa y bella fábrica   fanegadas: (a fanegada is
de azúcar, muchas fanegadas de caña para abastecerla,   about 1½ acres)
extensas dehesas con ganado vacuno y caballar, bue-   caña: (sugar cane)
nos cebaderos y una lujosa casa de habitación, consti-   abastecerla: (to supply it)
tuían lo más notable de sus haciendas de tierra ca-   dehesas: (pastures)
liente.   vacuno y caballar: de vacas
    y caballos
    cebaderos: establos

Los esclavos, bien vestidos y contentos, hasta donde   tierra caliente: (tropical
es posible estarlo en la servidumbre, eran sumisos y   country, the lowlands near
afectuosos para con su amo.   the Pacific and far
    removed from the
    mountain home of the
    owner)

Hallé hombres a los que, niños años antes, me   chilacoas y guatines:
habían enseñado a poner trampas a las chilacoas y   (partridges and rabbits)
guatines en la espesura de los bosques; sus padres y   espesura: (dense part)
ellos volvieron a verme con inequívocas señales de
placer.

Solamente a Pedro, el buen amigo y fiel ayo, no
debía encontrar: él había derramado lágrimas al colo-   derramado: dejado caer
carme sobre el caballo el día de mi partida para
Bogotá, diciendo:—Amito mío, ya no te veré más.—El
corazón le avisaba que moriría antes de mi regreso.

Pude notar que mi padre, sin dejar de ser amo, daba un trato cariñoso a sus esclavos, se mostraba celoso por la buena conducta de sus esposas, y acariciaba a los niños.

La vuelta del valle

Quedó mi padre satisfecho de mi atención durante la visita que hicimos a las haciendas; mas cuando le dije que en adelante deseaba participar de sus fatigas que- *fatigas: trabajos* dándome a su lado, me manifestó, casi con pesar, que se veía en el caso de sacrificar su bienestar a favor mío, *bienestar: (welfare)* cumpliéndome la promesa que me tenía hecha de tiempo atrás, de enviarme a Europa a concluir mis estudios de medicina, y que debía emprender viaje, a más tardar dentro de cuatro meses.

Al hablarme así, su fisonomía se revistió de una se- *se revistió: cambió* riedad solemne sin afectación, que se notaba en él cuando tomaba resoluciones irrevocables. Esto pasaba la tarde en que regresábamos a la sierra. Empezaba *la sierra: las montañas, donde vivían* a anochecer, que a no haber sido así, habría notado la emoción que su negativa me causaba.

El resto del camino se hizo sin que continuásemos hablando. ¡Cuán feliz hubiera yo vuelto a ver a María, si la noticia de ese viaje no se hubiese interpuesto desde aquel momento entre mis esperanzas y ella!

¿Qué había pasado en aquellos cuatro días en el alma de María?

Iba ella a colocar una lámpara en una de las mesas del salón cuando me acerqué a saludarla; y ya había yo extrañado no verla en medio del grupo de la familia en la escalera donde acabábamos de desmontarnos. El temblor de su mano expuso la lámpara; y yo le *expuso: mostró* presté mi ayuda, menos tranquilo de lo que creí estarlo.

Me pareció ligeramente pálida, y alrededor de sus *ligeramente pálida: (somewhat pale)* ojos había una leve sombra. Volvió el rostro hacia mi madre, que hablaba en ese momento, evitando así que yo pudiera examinarlo bañado por la luz que teníamos cerca. Noté luego que en el nacimiento de una de las *clavel marchito: (wilted carnation)* trenzas tenía un clavel marchito; y era sin duda el que le había yo dado la víspera de mi marcha para el valle. La crucecilla de coral esmaltado que había traído para ella, igual a las de mis hermanas, la llevaba al cuello pendiente de un cordón de pelo negro.

crucecilla: pequeña cruz
esmaltado: (enameled)

pendiente: (hanging)

Estuvo silenciosa, sentada en medio de las butacas que ocupábamos mi madre y yo. Como la resolución de mi padre sobre mi viaje no se apartaba de mi memoria, debí de parecerle a ella triste, pues me dijo en voz casi baja:

butacas: (armchairs)

—¿Te ha hecho daño el viaje?

—No, María — le contesté — pero nos hemos asoleado y hemos andado tanto. . . .

nos hemos asoleado: (we got overheated)

Primer amor

Yo iba a decirle algo más a María, pero el acento confidencial de su voz, la luz nueva para mí que sorprendí en sus ojos, me impidieron hacer otra cosa que mirarla, hasta que, notando que se avergonzaba de la involuntaria fijeza de mis miradas, y encontrándome examinado por una de mi padre (más temible cuando cierta sonrisa pasajera vagaba en sus labios), salí del salón con dirección a mi cuarto.

se avergonzaba: (she became embarrassed)

Cerré las puertas. Allí estaban las flores recogidas por ella para mí: las ajé con mis besos; quise aspirar de una vez todos sus aromas, buscando en ellos los de los vestidos de María; las bañé con mis lágrimas. . . . ¡Ah! ¡Las que no habéis llorado de felicidad así, llorad de desesperación, si ha pasado vuestra adolescencia, porque así tampoco volveréis a amar ya!

ajé: (I wilted)

¡Primer amor! . . . noble orgullo de sentirnos amados: sacrificio dulce de todo lo que antes nos era caro a favor de la mujer querida: felicidad que, comprada para un día con las lágrimas de toda una existencia, recibiríamos como un don de Dios: perfume para todas las horas del porvenir: luz inextinguible del pasado: único tesoro que no puede arrebatarnos la envidia de los hombres . . . ¡María! ¡María! ¡Cuánto te amé! ¡Cuánto te amara! . . .

arrebatarnos: (snatch away from us)

¡Cuánto te amara!: (How I should have loved you if fate had permitted)

*   *   *   *

Cuando hizo mi padre el último viaje a las Antillas, Salomón, primo suyo a quien mucho había amado desde la niñez, acababa de perder a su esposa. Muy jóvenes habían venido juntos a Sud América; y en uno de sus viajes se enamoró mi padre de la hija de un español, intrépido capitán de navío que después de haber dejado el servicio por algunos años, se vio forzado en 1819 a tomar nuevamente las armas en defensa de los reyes de España, y que murió fusilado en Majagual el veinte de mayo de 1820.

La historia de María

La madre de la joven que mi padre amaba exigió por condición para dársela por esposa que renunciase él a la religión judaica. Mi padre se hizo cristiano a los veinte años de edad.

Su primo se aficionó en aquellos días a la religión católica, sin ceder por eso a las instancias para que también se hiciese bautizar, pues sabía que lo que hecho por mi padre, le daba la esposa que deseaba, a él le impediría ser aceptado por la mujer a quien amaba en Jamaica.

sin ceder . . . bautizar: (without yielding to pleadings that he, too, be baptized)

Después de algunos años de separación, volvieron a verse, pues, los dos amigos. Ya era viudo Salomón. Sara, su esposa, le había dejado una niña que tenía a la sazón tres años. Mi padre lo encontró desfigurado moral y físicamente por el dolor, y entonces su nueva religión le dio consuelos para su primo, consuelos que en vano habían buscado los parientes para salvarlo.

viudo: persona cuya esposa ha muerto

sazón: época

consuelos:(consolation)

Instó a Salomón para que le diera su hija a fin de educarla a nuestro lado; y se atrevió a proponerle que la haría cristiana. Salomón aceptó diciéndole: — Es verdad que solamente mi hija me ha impedido emprender un viaje a la India, que mejoraría mi espíritu y remendaría mi pobreza: también ha sido mi único consuelo después de la muerte de Sara; pero tú lo quieres, sea hija tuya. Las cristianas son dulces y buenas, y tu esposa debe de ser una santa madre. Si el cristianismo da en las desgracias supremas el alivio que tú me has dado, tal vez yo haría desdichada

Instó: (he urged)

a fin de educarla: (so that he might educate her)

emprender: hacer, empezar

sea: (let her be)

desgracias: adversidades
alivio: socorro, ayuda
desdichada: triste

a mi hija dejándola judía. No lo digas a nuestros parientes, pero cuando llegues a la primera costa donde se halle un sacerdote católico, hazla bautizar y que le cambien el nombre de Ester en el de María.—Esto decía el infeliz derramando muchas lágrimas.

A pocos días se daba a la vela en la bahía de Montego la goleta que debía conducir a mi padre a las costas de Nueva Granada. La ligera nave ensayaba sus blancas alas, como una garza de nuestros bosques las suyas antes de emprender un largo vuelo.

Salomón entró a la habitación de mi padre, que acababa de arreglar su traje de a bordo, llevando a Ester sentada en uno de sus brazos, y pendiente del otro un cofre que contenía el equipaje de la niña: ésta tendió los bracitos a su tío, y Salomón, poniéndola en los de su amigo, cayó sollozando sentado sobre el pequeño baúl.

Aquella criatura, cuya cabeza preciosa acababa de bañar con una lluvia de lágrimas el bautismo del dolor antes que el de la religión de Jesús, era un tesoro sagrado; mi padre lo sabía bien, y no lo olvidó jamás. A Salomón le fue recordada por su amigo, al saltar éste a la lancha que iba a separarlos, una promesa, y él respondió con voz ahogada:—Las oraciones de mi hija por mí y las mías por ella y su madre, subirán juntas a los pies del Crucificado.

sacerdote: (priest)

se daba a la vela: (was setting sail)
Montego: un pueblo en Jamaica
goleta: (schooner)
Nueva Granada: ahora, Colombia
garza: (heron)

traje de a bordo: la ropa para el viaje

cofre: baúl

criatura: niña

cuya cabeza . . . Jesús: (Whose precious head had been baptized with a rain of tears before her baptism into the religion of Jesus)

La huérfana con su nueva familia

Contaba yo siete años cuando regresó mi padre, y desdeñé los juguetes preciosos que me trajo de su viaje, por admirar aquella niña tan bella, tan dulce y sonriente. Mi madre la cubrió de caricias, y mis hermanas la agasajaron con ternura desde el momento que mi padre, poniéndola en el regazo de su esposa, le dijo:—Esta es la hija de Salomón, que él te envía.

Durante nuestros juegos infantiles sus labios empezaron a modular acentos castellanos, tan armoniosos y seductores en una linda boca de mujer y en la risueña de un niño.

Habrían corrido unos seis años. Al entrar yo una

desdeñé: no quería, dejé

agasajaron: trataron con cariño

risueña: boca sonriente

tarde al cuarto de mi padre, le oí sollozar; tenía los brazos sobre la mesa, y en ellos apoyaba la frente; cerca de él mi madre lloraba, y en sus rodillas reclinaba María la cabeza, sin comprender ese dolor y casi indiferente a los lamentos de su tío: era que una carta de Kingston, recibida aquel día, daba la nueva de la muerte de Salomón. Recuerdo solamente una expresión de mi padre en aquella tarde:—Si todos me van abandonando, sin que pueda recibir sus últimos adioses, ¿a qué volveré yo a mi país?

apoyaba: (was supporting)

la nueva: las noticias

¿a qué . . .: ¿para qué . . .

Pocos eran entonces los que conociendo nuestra familia, pudiesen sospechar que María no era hija de mis padres. Hablaba bien nuestro idioma, era amable, viva, e inteligente. Cuando mi madre le acariciaba la cabeza, al mismo tiempo que a mis hermanas y a mí, ninguno hubiera podido adivinar cuál era allí la huérfana.

pudiesen sospechar: (could suspect)

Tenía nueve años. La cabellera abundante, todavía de color castaño claro, suelta y jugueteando sobre su cintura fina y movible; los ojos parleros; el acento con algo de melancólico que no tenían nuestras voces; tal era la imagen que de ella llevé cuando partí de la casa paterna: así estaba en la mañana de aquel triste día, bajo las enredaderas de las ventanas de mi madre.

cintura: (waist)
parleros: expresivos

Clases privadas

Después de la visita que mi padre y yo hicimos a las haciendas de la tierra caliente era para mí una necesidad tener a María constantemente a mi lado: no perder un solo instante de su existencia abandonada a mi amor; y dichoso con lo que poseía y ávido aún de dicha, traté de hacer un paraíso de la casa paterna.

ávido: (eager for)

Hablé a María y a mi hermana del deseo que habían manifestado de hacer algunos estudios elementales bajo mi dirección. Ellas volvieron a entusiasmarse con el proyecto, y se decidió que desde ese mismo día se daría principio.

Convirtieron uno de los ángulos del salón en gabinete de estudio; desclavaron algunos mapas de mi cuarto; desempolvaron el globo geográfico que en el escritorio de mi padre había permanecido hasta en-

gabinete: cuarto, sala
desclavaron: tomaron de la pared
desempolvaron: quitaron el polvo de

"Olvidado de toda precaución, entré a la alcoba donde estaba María."

tonces ignorado; fueron despejadas de adornos dos consolas para hacer de ellas mesas de estudio. Mi madre sonreía al presenciar todo aquel desarreglo que nuestro proyecto aparejaba.

despejadas: limpiadas

consolas: mesas

aparejaba: causaba

Nos reuníamos todos los días dos horas, durante las cuales les explicaba yo algún capítulo de geografía, leíamos algo de historia universal, y las más veces muchas páginas del «Genio del cristianismo.» Entonces pude avaluar todos los talentos de María. Mis frases quedaban indeleblemente en su memoria, y su comprensión se adelantaba casi siempre con triunfo infantil a mis explicaciones.

"Genio del cristianismo": Obra de Chateaubriand que intenta probar la superioridad de la religión cristiana por medio de su belleza poética

Un ataque nervioso

Pasados tres días, una tarde que bajaba yo de la montaña, me pareció notar algún sobresalto en los semblantes de los criados con quienes tropecé en los corredores interiores. Mi hermana me refirió que María había sufrido un ataque nervioso; y al agregar que estaba aún sin sentido, procuró calmar cuanto le fue posible mi dolorosa ansiedad.

sobresalto: miedo

semblantes: caras
tropecé: encontré

agregar: añadir

ansiedad: (anxiety)

Olvidado de toda precaución, entré a la alcoba donde estaba María, y dominando el frenesí que me hubiera hecho estrecharla contra mi corazón para volverla a la vida, me acerqué desconcertado a su lecho. A los pies de éste se hallaba sentado mi padre; fijó en mí una de sus miradas intensas, y volviéndola después sobre María, parecía quererme hacer una reconvención. Mi madre estaba allí; pero no levantó la vista para buscarme, porque, sabedora de mi amor, me compadecía.

estrecharla: (hold her)

reconvención: (reproach)

Permanecí inmóvil contemplando a María, sin atreverme a averiguar cuál era su mal. Estaba como dormida: su rostro, cubierto de palidez mortal, se veía medio oculto por la cabellera descompuesta, en la cual se descubrían estrujadas las flores que yo le había dado en la mañana; la frente contraída revelaba un padecimiento insoportable, y un ligero sudor le humedecía las sienes; de los ojos cerrados habían tratado de brotar lágrimas que brillaban detenidas en las pestañas.

palidez: (pallor)

estrujadas: (crushed)

padecimiento: sufrimiento
sudor: (perspiration)
sienes: (temples)

brotar: (to gush forth)

Comprendiendo mi padre todo mi sufrimiento, se puso en pie para retirarse; mas antes de salir, se acercó al lecho, y tomando el pulso a María, dijo:—Todo ha pasado. ¡Pobre niña! Es exactamente el mismo mal que padeció su madre.

padeció: sufrió

Una ave negra

El pecho de María se elevó lentamente como para formar un sollozo, pero al volver a su natural estado exhaló sólo un suspiro. Salido que hubo mi padre, me coloqué a la cabecera del lecho, y olvidado de mi madre y de Emma, que permanecían silenciosas, tomé de sobre el almohadón una de las manos de María, y la bañé en el torrente de mis lágrimas hasta entonces contenido. Había yo medido toda mi desgracia: era el mismo mal de su madre, y su madre había muerto muy joven atacada de una epilepsia incurable. Esta idea se adueñó de todo mi ser para quebrantarlo.

suspiro: (sigh)

adueñó: tomó posesión
quebrantarlo: romperlo

Sentí algún movimiento en esa mano yerta, a la que mi aliento no podía volver el calor. María empezaba ya a respirar con más libertad, y sus labios parecían esforzarse en pronunciar alguna palabra. Movió la cabeza de un lado a otro, cual si tratara de deshacerse de un peso abrumador. Pasado un momento de reposo, balbució palabras inteligibles, pero al fin se percibió entre ellas claramente mi nombre.

yerta: rígida

un peso abrumador: (a heavy and bothersome weight)
balbució: (she mumbled)

Cuando salí al corredor que conducía a mi cuarto, un cierzo impetuoso columpiaba los sauces del patio; y al acercarme al huerto lo oí rasgarse en los sotos de naranjos. Relámpagos débiles parecían querer iluminar el fondo tenebroso del valle.

cierzo: viento frío del norte
columpiaba: movía
sauces: (willows)
rasgarse: (whistling)
relámpagos: (flashes of lightning)
sotos: (groves)
tenebroso: (gloomy)

Recostado en una de las columnas del corredor, sin sentir la lluvia que me azotaba las sienes, pensaba en la enfermedad de María, sobre la cual había pronunciado mi padre tan terribles palabras. ¡Mis ojos querían volver a verla como en las noches silenciosas y serenas que acaso no volverían ya más!

recostado: (leaning)
azotaba: (beat against)

No sé cuánto tiempo había pasado, cuando algo como el ala vibrante de una ave vino a rozar mi frente. Miré hacia los bosques inmediatos para seguirla: era una ave negra.

ave: pájaro
rozar: (to brush against)

Mi cuarto estaba frío. El florero contenía ya marchitos y desmayados los lirios que en la mañana había colocado en él María. En esto una ráfaga de viento apagó la lámpara; y un trueno dejó oír por largo rato su creciente retumbo, como si fuese un carro gigante despañado de las cumbres rocallosas de la sierra.

En medio de aquella naturaleza sollozante, mi alma tenía una triste serenidad.

ráfaga: (gust)
trueno: (thunder)
retumbo: (rumbling)
despañado: bajando
sollozante: (sobbing)

Demasiado jóvenes

Acababa de dar las doce el reloj del salón. Sentí pasos cerca de mi puerta y luego la voz de mi padre que me llamaba.—Levántate,—me dijo tan pronto como le respondí,—María sigue mal.

El acceso había repetido. Después de un cuarto de hora estaba yo apercibido para marchar. Mi padre me hacía las últimas indicaciones sobre los nuevos síntomas de la enfermedad, mientras el negrito Juan Angel aquietaba mi caballo. Monté. Iba en solicitud del doctor Mayn, que pasaba a la sazón una temporada de campo a tres leguas de nuestra hacienda.

apercibido: listo

aquietaba: calmaba
a la sazón: entonces

Eran las dos de la madrugada cuando me desmonté a la puerta de la casa en que vivía el médico.

En la tarde del mismo día se despedía de nosotros el doctor, después de dejar casi completamente restablecida a María y de haberle prescrito un régimen para evitar la repetición del acceso, aunque prometió visitar a la enferma con frecuencia.

Aquella noche mi padre me llamó a su cuarto y me dijo:

—Tu madre y yo tenemos que hablar de algo contigo. Hace ya tres meses que estás con nosotros, y solamente pasados dos más podrá el señor Alfonso emprender su viaje a Europa, y con él es quien debes tú irte. No puedo ocultarte, ni debo hacerlo, que he concebido grandes esperanzas, por tu carácter y aptitudes, de que coronarás lucidamente la carrera que vas a seguir. No ignoras que pronto la familia necesitará de tu apoyo, con mayor razón después de la muerte de tu hermano. Hay algo en tu conducta que es preciso de-

ocultarte: guardar como secreto para que no sepas

coronarás lucidamente: serás un crédito a

cirte no está bien: tú no tienes más de veinte años, y a esa edad un amor fomentado inconsideradamente podría hacer ilusorias todas las esperanzas de que acabo de hablarte.

fomentado: (encouraged)
inconsideradamente: sin pensar
ilusorias: falsas

Una promesa

Luego, haciendo una pausa, prosiguió:

prosiguió: continuó

—Tú amas a María, y hace muchos días que lo sé, como es natural. María es casi mi hija, y yo no tendría nada que observar, si tu edad y posición nos permitieran pensar en un matrimonio; pero no lo permiten; y María es muy joven. No son solamente éstos los obstáculos que se presentan; hay uno quizá insuperable, y es de mi deber hablarte de él. María puede arrastrarte y arrastrarnos contigo a una desgracia lamentable de que está amenazada. El doctor Mayn se atreve casi a asegurar que ella morirá joven del mismo mal a que sucumbió su madre; lo que sufrió es un síncope epiléptico, que tomando incremento en cada acceso, terminará por una epilepsia del peor carácter conocido: eso dice el doctor. Responde tú ahora, meditando mucho lo que vas a decir, a una sola pregunta; responde como hombre racional y caballero que eres. Sabes la opinión del médico y conoces la suerte de la esposa de Salomón: —¿Si nosotros consintiéramos en ello, te casarías hoy con María?

insuperable: que no se puede conquistar
arrastrarte: (drag)
desgracia: (misfortune)

síncope: (fainting fit)
tomando incremento: creciendo peor

—Sí señor—le respondí.

—¿Lo arrostrarías todo?

arrostrarías: (would confront)

—¡Todo, todo!

—Creo que no solamente hablo con un hijo sino el caballero que en ti he tratado de formar.

Mi madre ocultó en ese momento el rostro en el pañuelo, y mi padre dejó por unos instantes de hablar.

pañuelo: (handkerchief)

—Pues bien—continuó — puesto que esa noble resolución te anima, si convendrás conmigo en que antes de cinco años no podrás ser esposo de María. Ella te ama de tal manera que emociones intensas, nuevas para ella, son las que, según Mayn, han hecho aparecer los síntomas de la enfermedad: es decir que tu amor y el suyo necesitan precauciones, y en adelante exijo que

me prometas seguir los consejos del doctor. Nada le
debes prometer a María, pues que la promesa de ser
su esposo una vez cumplido el plazo que he señalado
haría vuestro trato más íntimo, que es precisamente
lo que se trata de evitar. Inútiles son para ti más
explicaciones: siguiendo esta conducta, puedes salvar
a María; puedes evitarte la desgracia de perderla.

cumplido: terminado
plazo: (length of time)

    —En recompensa de todo lo que te concedemos—
dijo volviéndose a mi madre—debes prometerme lo
siguiente: no hablar a María del peligro que la amenaza, ni revelarle nada de lo que esta noche ha pasado
entre nosotros. Debes saber también mi opinión sobre
tu matrimonio con ella, si su enfermedad persistiera
después de tu regreso a este país, pues vamos pronto
a separarnos por algunos años: como padre tuyo y de
María, no sería de mi aprobación ese enlace. Al expre-
sar esta resolución irrevocable, no es por demás ha-
certe saber que Salomón, en los tres últimos años de
su vida consiguió formar un capital de alguna conside-
ración, el cual está en mi poder destinado a servir de
dote a su hija. Mas si ella muere antes de casarse, debe
pasar aquél a manos de su abuela materna, que está
en Kingston.

que la amenaza: (that threatens her)

persistiera: (were to persist)

enlace: matrimonio

dote: (dowry)

La salida de Londres

    Hacía dos semanas que estaba yo en Londres, y
una noche recibí cartas de la familia. Había una carta
de María. Durante un año tuve dos veces cada mes
cartas de María. Las últimas estaban llenas de una
melancolía tan profunda, que comparadas con ellas,
las primeras que recibí parecían escritas en nuestros
días de felicidad.

    En vano había tratado de reanimarle diciéndole que
esa tristeza destruiría su salud. —Yo sé que no puede
faltar mucho para que yo te vea— me había contestado;
—desde ese día ya no podré estar triste; estaré siempre
a tu lado. . . . No, no, nadie podrá volver a separarnos.

    La carta que contenía esas palabras fue la única de
ella que recibí en dos meses.

    En los últimos días de junio, una tarde se me

presentó el señor Alfonso que acababa de llegar de París, y a quien no había visto desde el pasado invierno.

—Le traigo a usted cartas de su casa,—me dijo después de habernos abrazado.—Y he venido a ayudarle a disponer su regreso a América.

—¡María! ¡María!—exclamé como si ella pudiera acudir a mis voces, y caí sin fuerzas sobre el asiento. acudir: venir

—Vamos—dijo el señor Alfonso —para esto fue necesaria mi venida. Ella vivirá si usted llega a tiempo. Lea usted las cartas, que ahí debe venir una de ella.

—Vente—me decía—ven pronto, o me moriré sin decirte adiós. Al fin me consienten que te confiese la verdad: hace un año que me mata hora por hora esta enfermedad de que la dicha me curó por unos días. Si dicha: felicidad no hubieran interrumpido esa felicidad, yo habría vivido para ti.

Mi padre decía lo que yo había sabido ya demasiado cruelmente. Los médicos tenían sólo una esperanza de salvar a María: la que les hacía conservar mi regreso. la que . . . regreso: (that which my return held for them) Ante esa necesidad mi padre no vacilaba; ordenaba mi marcha precipitada, y se disculpaba por no haberla precipitada: inmediata dispuesto antes.

Dos horas después salí de Londres.

¡En el cielo!

Cuando llegué a Colombia me dijeron que mi familia estaba en Cali. Fui allá y al entrar en un corredor Cali: una ciudad en Colombia oscuro que me separaba de la entrada del salón de la casa habitada por la familia, oí un grito y me sentí abrazado.

—¡María! ¡Mi María! — exclamé estrechando contra mi corazón aquella cabeza entregada a mis caricias.

—¡Ay! ¡No, no, Dios mío!—me interrumpió sollozando.

Y desprendiéndose de mi cuello cayó sobre el sofá desprendiéndose: quitándose inmediato: era Emma. Vestía de negro, y la luna acababa de bañar su rostro lívido y regado de lágrimas. regado: (wet)

Se abrió la puerta del aposento de mi madre en ese instante. Ella balbuciente y palpándome con sus be- balbuciente: (stammering)

sos, me arrostró en los brazos al asiento donde Emma
estaba muda e inmóvil.

muda: sin decir nada
inmóvil: sin moverse

—¿Dónde está, pues?—grité poniéndome en pie.

—¡Hijo de mi alma! —exclamó mi madre con más
hondo acento de ternura y volviendo a estrecharme
contra su seno —¡En el cielo!

Algo como la hoja fría de un puñal penetró en mi
cerebro: faltó a mis ojos luz y a mi pecho aire.

hoja: (blade)
puñal: (dagger)

✻   ✻   ✻   ✻

Antes de regresar a Londres visité la tumba de
María. Un esclavo llamado Braulio me acompañó.
Fuimos a caballo al cementerio llegando allí a puestas
del sol.

Mis brazos oprimían y mis lágrimas bañaban la
cruz de hierro sobre el sepulcro cuando Braulio se
acercó a mí, y entregándome una corona de rosas y
azucenas, permaneció en el mismo sitio como para
indicarme que era hora de partir. Me puse de pie para
colgarla de la cruz, y volví a abrazarme a los pies de
ella para darle a María y a su sepulcro un último
adiós.

oprimían: (held tightly)

azucenas: (white lilies)

Había ya montado; Braulio estrechaba en sus manos una de las mías, cuando el revuelo de una ave que
al pasar sobre nuestras cabezas dio un graznido sinies-
tro ya conocido para mí, interrumpió nuestra despedida: la vi volar hacia la cruz de hierro, y posada ya
en uno de sus brazos, aleteó repitiendo su espantoso
canto.

revuelo: (flying to and fro)

graznido: (cry)

aleteó: (flapped its wings)

Estremecido, partı a galope por en medio de la
pampa solitaria, cuyo vasto horizonte ennegrecía la
noche.

ennegrecía: hizo negra

FIN

III

Amalía

por José Mármol

¿Quién vive?

El 4 de mayo de 1840, a las diez y media de la noche, seis hombres salieron de una casa de la calle de Belgrano, en la ciudad de Buenos Aires.

Cinco de los hombres, con el sexto como su conductor, iban al Río de la Plata para embarcar en una ballenera para Uruguay, donde querían incorporarse en un ejército para pelear contra el tirano Rosas, gobernador de Buenos Aires.

ballenera: (whale-boat)
incorporarse: unirse, asociarse

Juan Merlo, hombre del vulgo, era el conductor de los demás.

hombre del vulgo: una persona de las clases bajas

A pocos pasos le seguía el coronel don Francisco Lynch, veterano de la Guerra de la Independencia argentina, hombre de la más culta sociedad.

Detrás de él caminaba el joven, don Eduardo Belgrano, pariente del antiguo general de este nombre, y poseedor de cuantiosos bienes que había heredado de sus padres, corazón valiente y generoso, e inteligencia privilegiada por Dios y enriquecida por el estudio. Tenía veintiséis años.

cuantiosos bienes: una gran fortuna, mucho dinero

Detrás de él marchaban Oliden, Riglos, y Maissón, argentinos todos.

Cuando los seis hombres llegaron al Río de la Plata, Merlo les dijo:

—Es por aquí donde la ballenera debe atracar; no, no está aquí, es necesario caminar algo más.

atracar: arrimar, acercar (anchor, dock)

Los cinco lo siguieron, pero no llevaban dos minutos de marcha, cuando el coronel Lynch, que ahora iba detrás de Merlo, vio un gran bulto a treinta o cuarenta varas de distancia, y en el momento en que se volvía a comunicárselo a sus compañeros, un «¿Quién vive?» interrumpió el silencio de la noche.

bulto: cuerpo que no se distingue bien

varas: medida de longitud: 84 cm. (yard)

¡El ataque!

—No respondan; yo voy a adelantarme un poco a ver si distingo el número de hombres que es, —dijo Merlo, que, sin esperar respuesta, caminó algunos pasos primero, y tomó en seguida una rápida carrera hacia unas barrancas, dando al mismo tiempo un agudo silbido.

barrancas: quiebras profundas que hacen las aguas (ravines)

agudo silbido: (shrill whistle)

Un ruido confuso y terrible respondió inmediatamente a aquella señal: el ruido de una estrepitosa carga de caballería, dada por cincuenta jinetes, que en dos segundos cayeron como un torrente sobre los desgraciados prófugos.

estrepitosa: (noisy)

carga: ataque

prófugos: fugitivos

Los cuatro compañeros de Eduardo Belgrano pronto cayeron muertos.

En el momento en que los jinetes cargaron sobre los prófugos, Eduardo atrevesó casi de un salto un espacio de quince pies en dirección a las barrancas. En un momento sacó su espada y recogió su capa sobre su brazo izquierdo.

Pero si se había librado del choque de los caballos, no había evitado ser visto, a pesar de la oscuridad de la noche. Dos jinetes hicieron girar sus caballos y embistieron, sable en mano, sobre Eduardo.

girar: dar una vuelta

embistieron: atacaron, (charged)

Eduardo cubrió su cabeza con su brazo izquierdo envuelto en la capa, y hundió su espada hasta la guarnición en el pecho del hombre que tenía a su derecha. En ese momento, tres asesinos más reunieron al que acababa de sentir caer el cuerpo de su compañero a los pies de su caballo, y los cuatro cargaron entonces sobre Eduardo.

hundió: plantó, sumergió

guarnición: guardamano de la espada (hilt)

Éste se deslizó rápidamente hacia su derecha para evitar el choque, tirando al mismo tiempo un terrible

se deslizó: (slid)

tirando: dando

corte que hirió la cabeza de uno de los caballos. El jinete, creyendo que su caballo estaba herido de muerte, se tiró de él, y los otros se desmontaron al mismo tiempo, siguiendo la acción de su compañero, cuya causa ignoraban.

Eduardo entonces tiró su capa, y retrocedió diez o doce pasos más. Pero los asesinos estaban ya sobre él, tres de ellos con sables de caballería y el otro armado de un cuchillo de matadero. Tranquilo, valiente, vigoroso, y diestro, Eduardo recibió a los cuatro.

retrocedió: dio marcha atrás

cuchillo de matadero: (slaughterhouse knife)

El hombre del cuchillo acababa de perder éste y parte de su mano al filo de la espada de Eduardo, y otro de los de sable empezaba a perder la fuerza por la sangre abundante que se escurría de una honda herida en la cabeza.

filo: (sharp edge of the blade)

se escurría: caía gota a gota

Sin embargo los cuatro le hostigaron con tesón. Un hombre mutilado se arrojó sobre Eduardo, pero éste le atravesó el corazón con la punta de su espada. La punta de un sable penetró a lo largo del costado izquierdo de Eduardo, y el filo de otro le abrió una honda herida sobre el hombro derecho. Eduardo hundió su espada en el pecho del contrario más próximo, y no teniendo fuerzas para volver a su primera posición, cayó al suelo con el asesino muerto.

le hostigaron con tesón: le persiguieron tenazmente

atravesó: penetró

costado: lado

contrario: enemigo, adversario

Los dos asesinos que peleaban aún se precipitaron sobre él. El uno de ellos se acercó por los pies de Eduardo y descargó un sablazo sobre su muslo izquierdo y la mano del otro asesino le tomó de los cabellos, dio con su cabeza en tierra, e hincó sobre su pecho una rodilla.

se precipitaron: se arrojaron, se lanzaron

descargó un sablazo: (struck a saber blow)

muslo: parte superior de la pierna, (thigh)

hincó: (knelt)

—Ya está, unitario, ya está agarrado, —le dice, y volviéndose al otro, que se había abrazado los pies de Eduardo, le pidió su cuchillo para degollarle. Aquél se lo pasó al momento.

unitario: (unitarian, a partisan of the political party which wanted a strong centralized government)

degollarle: cortarle la garganta

Un relámpago de risa feroz, infernal, iluminó la fisonomía del asesino cuando empuñó el cuchillo que le dio su compañero. Sus ojos se dilataron, sus narices se expandieron, su boca se entreabrió, y tirando con su mano izquierda los cabellos de Eduardo casi exánime, y colocando perpendicular su frente con el cielo, llevó el cuchillo a la garganta del joven.

relámpago: (flash)

fisonomía: cara

narices: (nostrils)

se entreabrió: se abrió a medias

exánime: sin vida

Todavía vive

Pero en el momento que su mano iba a hacer correr el cuchillo sobre el cuello, se escuchó un golpe, y el asesino cayó muerto sobre el cuerpo del que iba a ser su víctima.

—A ti también te irá tu parte, —dijo la voz fuerte y tranquila de un hombre que, como caído del cielo, se dirigió con su brazo levantado hacia el último de los asesinos que, como se ha visto, estaba oprimiendo los pies de Eduardo, porque, aún estando éste medio muerto, temía acercarse hasta sus manos. El asesino retrocedió y huyó en dirección al río.

oprimiendo: (clasping)

El hombre enviado por la providencia, al parecer, no lo persiguió; se volvió a aquel grupo de heridos y cadáveres en cuyo centro se encontraba Eduardo.

persiguió: (chased)

El nombre de éste era pronunciado luego por el desconocido con toda la expresión del cariño y de la incertidumbre. Hincando una rodilla en tierra, suspendió el cuerpo del joven y reclinó su cabeza contra su pecho.

incertidumbre: falta de seguridad

—Todavía vive,—dijo, después de haber sentido su respiración. Su mano tomó la de Eduardo, y una leve presión le hizo conocer que éste vivía, y que le había conocido.

Sin vacilar se levantó, tomó a Eduardo por la cintura con el brazo izquierdo, y cargándolo al hombro, marchó hacia la próxima barranca, en que estaba situada la casa del embajador inglés, señor Mandeville.

—¡Ah!—exclamó de repente,—apenas faltará media cuadra y tengo que descansar.—Y el cuerpo de Eduardo se le escurrió de los brazos entre la sangre que a los dos cubría. —Eduardo,—le dijo, poniéndole los labios en el oído;— Eduardo, soy yo, Daniel; tu amigo, tu compañero, tu hermano, Daniel.

El herido movió lentamente la cabeza y entreabrió los ojos.

—¡Huye . . . sálvate, Daniel!— fueron las primeras palabras que pronunció.

Socorro

Daniel lo abrazó.

—No se trata de mí, Eduardo. Cargó de nuevo a Eduardo y lo llevó en sus brazos segunda vez, en la misma dirección que la anterior.

El movimiento y la brisa volvían al herido un poco de la vida que le había arrebatado la sangre, y con un acento lleno de cariño dijo:

arrebatado: quitado

—Basta, Daniel, apoyado en tu brazo creo que podré caminar un poco.

Eduardo quedó un momento de pie; pero su muslo izquierdo estaba cortado casi hasta el hueso, y al to-· mar esa posición, todos los músculos se resintieron, y un dolor agudísimo hizo doblar las rodillas del joven.

se resintieron: (gave way)

Daniel volvió a cargar a su amigo, descendiendo con él, a fuerza de gran trabajo, a lo hondo de una zanja.

zanja: (ditch)

Daniel sentó a su amigo en el fondo de la zanja y lo recostó contra uno de los lados de ella.

De repente Daniel le dijo al oído de Eduardo:

—Siento ruido.

Y en efecto no se había equivocado. El ruido de las pisadas de dos caballos se percibía claramente, y un momento después, el eco de voces humanas llegó hasta los dos amigos. Dos hombres se desmontaron de sus caballos, cada uno de ellos tomó la rienda de su caballo, y se sentaron a cuatro pasos de Daniel y Eduardo.

Eran dos de los asesinos. A la luz de un grueso cigarro de papel se repartieron tres mil pesos que habían recibido por su parte en matar a los compañeros de Eduardo. Entonces uno de los asesinos se fue, pero el otro se quedó sentado para acabar el cigarro.

se repartieron: distribuyeron entre sí

Daniel dio sobre la cabeza del asesino, que cayó al instante sin dar un solo grito, el mismo golpe que había dado en la cabeza de aquél que puso el cuchillo sobre al garganta de Eduardo, golpe que produjo el mismo sonido duro y sin vibración, ocasionado por un instrumento muy pequeño que Daniel tenía en sus manos.

Entonces Daniel salió de la zanja, tomó la brida

brida: freno y correaje de la cabeza del caballo

del caballo, lo trajo hasta la zanja, y sin soltarlo, bajó y dio un abrazo a su amigo.

soltarlo: darle libertad de movimiento

—¡Valor! ¡Valor! mi Eduardo; ya estás libre y salvo. La Providencia te envía un caballo, que era lo único que necesitábamos.

Daniel cargó otra vez a Eduardo y lo subió al borde de la zanja. Entonces saltó él, y con esfuerzos indecibles consiguió montar a Eduardo sobre el caballo, que se inquietaba con las evoluciones que se hacían a su lado. En seguida recogió la espada de su amigo, y de un salto se montó en la grupa; pasó sus brazos por la cintura de Eduardo, tomó de sus débiles manos las riendas del caballo, y lo hizo subir inmediatamente por una barranca cerca de la casa del embajador Mandeville.

evoluciones: cambios. movimientos

barranca: (ravine)

Sabiendo que era sumamente peligroso ir a la casa suya o a la de Eduardo, Daniel llevó a su amigo a la casa de Amalia, una joven y linda viuda, prima de Daniel.

Con el permiso de Amalia, Daniel puso sobre un sofá en la sala a aquel hombre a quien había salvado y protegido tanto en aquella noche de sangre.

Refugio

Cuando Daniel colocó a Eduardo sobre el sofá, Amalia puso una lámpara sobre una mesa de la sala.

En aquel momento, Amalia estaba excesivamente pálida, efecto de las impresiones inesperadas que estaba recibiendo. Sus hermosos rizos, echados detrás de la oreja pocos momentos antes, no estorbaron a Eduardo para descubrir, en una mujer de veinte años, una fisonomía encantadora, una frente majestuosa y bella, unos ojos pardos llenos de expresión y sentimiento, y una figura hermosa.

rizos: (curls)

estorbaron: molestaron

Daniel se aproximó a la mesa en el acto en que Amalia colocaba la lámpara, y tomando las pequeñas manos de azucena de su hermosa prima, le dijo:

azucena: (lily-white)

—Amalia, en las pocas veces que nos vemos, te he hablado siempre de un joven con quien me liga la más íntima y fraternal amistad; ese joven, Eduardo, es el que acabas de recibir en tu casa, el que está grave-

liga: enlaza, une

mente herido. Pero sus heridas son oficiales, son la
obra de Rosas, y es necesario curarlo, ocultarlo, y
salvarlo.

ocultarlo: esconderlo

—Dispón: ordena lo que quieras —dijo Amalia.

Dispón: Manda

—Lo primero que dispongo es que traigas un vaso
de vino azucarado.

azucarado: con azúcar

Amalia corrió a las piezas interiores por el vino y
Daniel se acercó a Eduardo, y le dijo:

—Ésta es mi prima, la linda viuda, la poética tucumana de que te he hablado tantas veces, y que desde
su regreso de Tucumán, hace cuatro meses, vive solitaria en esta quinta. Creo que si la hospitalidad no
agrada a tus deseos, no sucederá lo mismo a tus ojos.

tucumana: de Tucumán

quinta: (estate)

Una examinación del médico

Eduardo se sonrió, pero al instante volviendo su
semblante a su gravedad habitual, exclamó:

—¡Pero es un proceder cruel; voy a comprometer
la posición de esta criatura!

criatura: niña

—¿Su posición?

—Sí, su posición. La policía de Rosas tiene tantos
agentes: todos los que el miedo ha enfermado. Hombres, mujeres, amos y criados, todos buscan la seguridad en las delaciones. Mañana sabrá Rosas dónde
estoy, y el destino de esta joven se confundirá con el
mío.

delaciones: acusaciones,
denuncias

—Eso lo veremos,—dijo Daniel.—Yo estoy en mi ele-
mento cuando me hallo entre dificultades. Y si, en
vez de escribírmelo, me hubieses hablado esta tarde
de tu fuga, ciento contra uno a que no tendrías en tu
cuerpo un solo arañazo.

arañazo: (scratch)

—Pero tú, ¿cómo has sabido el lugar de mi embar-
que?

—Eso es para despacio, —contestó Daniel, sonrién-
dose.

Amalia entró en ese momento trayendo un vaso de
vino azucarado.

Daniel envió a Pedro, viejo y fiel criado de Amalia,
por el doctor Alcorta. Alcorta, además de ser médico,
era catedrático de filosofía en la universidad y tres

catedrático: profesor de
importancia

años antes, Eduardo Belgrado y Daniel Bello habían
sido dos de sus más queridos discípulos.

Cuando el doctor llegó, él y Daniel colocaron a
Eduardo en una silla de brazos, y ellos y Pedro lo
condujeron a la habitación que se le había destinado
y lo pusieron sobre una cama.

Entonces el médico empezó a reconocer las heridas.

reconocer: examinar con cuidado

—No es nada, dijo, después de sondar la que encontró sobre el costado izquierdo; —la espada ha resba-
lado por las costillas sin interésar el pecho.

sondar: explorar, investigar

costillas: (ribs)
interesar: (affecting)

—Tampoco es de gravedad, —continuó, después de
inspeccionar la que tenía sobre el hombro derecho, —el
arma era bastante filosa y no lo ha destrozado.

filosa: (sharp)
destrozado: (mutilated)

—Veamos el muslo,–prosiguió. Y a su primera mirada sobre la herida, de diez pulgadas de extensión,
la expresión de disgusto se marcó sobre la fisonomía
elocuente del doctor Alcorta. Por cinco minutos a lo
menos, examinó con la mayor prolijidad los músculos
partidos en el interior de la herida, que corría a lo
largo del muslo.

prolijidad: cuidado

—¡Es un hachazo horrible!, —exclamó, —pero ni un
solo vaso ha sido interesado; hay gran destrozo solamente. Y en seguida lavó las heridas, e hizo en ellas la
curación que se llama de primera intención, no haciendo
uso de las hilas que había traído en su caja de instru-
mentos, sino simplemente de las vendas.

hachazo: (gash)
vaso: (vein, artery)
destrozo: (laceration)

hilas: (thread)
vendas: (bandages)

Entretanto, Pedro había llevado una carta escrita
por Daniel a su criado Fermín, y éste llegó con ropa
limpia y dos caballos.

Eduardo comunicó a Alcorta en breves palabras los
acontecimientos de tres horas antes.

—¿Cree usted que ese Merlo ignora su nombre?
—el doctor preguntó a Eduardo.

—No sé si alguno de mis compañeros me nombró
delante de él; no lo recuerdo. Pero si no es así, él no
puede saberlo, porque Oliden fue el único que se
entendió con él.

—Eso me inquieta un poco, —dijo Daniel, que acababa de oír la relación que hacía Eduardo, —pero todo
lo aclararemos mañana.

—Es necesario que Belgrado descanse, —dijo Alcorta. —Antes de día sentirá la fiebre natural en estos casos. Mañana al mediodía volveré, —dijo, pasando la mano por la frente de Eduardo como pudiera hacerlo un padre con un hijo, y tomando y oprimiendo su mano izquierda.

oprimiendo: apretando

Después de esto, salió al patio acompañado de Daniel.

—¿Cree usted, señor, que no corre peligro la vida de Eduardo?

—Absolutamente ninguno; pero su curación podrá ser larga.

Daniel aprovechó el momento en que Amalia recibía de Alcorta las instrucciones higiénicas relativas al enfermo para ir al aposento de Eduardo.

aposento: cuarto

—Eduardo, yo necesito retirarme, y voy a acompañar a Alcorta. Pedro va a quedarse en este mismo aposento, por si algo necesitas. No podré volver hasta mañana por la noche. Es forzoso que me halle en la ciudad todo el día, pero mandaré a mi criado a saber de ti.

Entonces Daniel y el médico partieron.

Una petición

Cuando llegó a casa, Daniel entregó su caballo a Fermín y le dio orden de no acostarse hasta que le llamase.

A la edad en que conocemos a Daniel, éste había llegado en sus estudios al segundo año de jurisprudencia. Pero hacía ya algunos meses que no asistía a la universidad porque era espía unitario. Tenía veinticinco años de edad y era el hijo único de don Antonio Bello, rico hacendado del sur. Vivía solo en su casa con su criado Fermín.

jurisprudencia: estudio del derecho, de las leyes

espía: (spy)

hacendado: persona que posee tierras

Daniel entró en su gabinete y escribió la siguiente carta a su novia Florencia:

gabinete: cuarto

✻   ✻   ✻

«Cinco de mayo, a las dos de la mañana.

Hoy tengo necesidad de tu talento, Florencia mía, como tengo siempre necesidad de tu amor, de tus caprichos, de tus enojos y reconciliaciones.

enojos: enfados

Necesito saber cómo se explica en lo de doña María

Josefa Ezcurra, un suceso ocurrido anoche cerca de la casa del señor Mandeville, el embajador inglés; qué nombres se mezclan a él; de qué incidentes lo componen; de todo, en fin, cuanto sea relativo a ese acontecimiento.

A las dos de la tarde yo estaré en tu casa, donde espero encontrarte de vuelta de tu misión diplomática.

Ten cuidado de doña María Josefa; especialmente, no dejes asomar delante de ella el menor interés en conocer lo que deseas.

Tú comprendes ya, alma de mi alma, que algo muy serio envuelve este asunto para mí; y tus enojos de anoche, tus caprichos de niña, no deben hacer parte en lo importante al destino de   *Daniel»*

*   *   *

Concluida la carta, Daniel llamó a Fermín y le dijo:

—Mañana a las nueve llevarás un ramo de flores a Florencia, y cuando salga a recibirlo, le pondrás en la mano esta carta.

—No hay cuidado, señor.

Una visita con doña María Josefa

Florencia Dupasquier, novia de Daniel, era de diecisiete a dieciocho años de edad, y bella como un rayo del alba.

Después de recibir la carta de Daniel, ella fue en su coche a la casa de doña María Josefa Ezcurra, cuñada del dictador Juan Manuel Rosas.

cuñada: la hermana de la esposa

La actividad y el fuego violento de pasiones políticas eran el alimento diario del alma de doña María Josefa. Obraba por pasión sincera, por verdadero fanatismo por la federación y por su cuñado; y ciega, ardiente, tenaz en su odio a los unitarios, era la personificación más perfecta de subversiones individuales y sociales, que había creado la dictadura de Rosas.

tenaz: obstinada

Era mujer de pequeña estatura, flaca, de ojos pequeños, de cabello canoso, y cuyos cincuenta y ocho años de vida estaban notablemente aumentados en su rostro por la acción de las pasiones ardientes.

cabello canoso: pelo blanco

Después de platicar un rato con doña María Josefa, Florencia le dijo:

platicar: hablar

—Le traigo esta pequeña donación que, por la respetable mano de usted, hace mamá al hospital de mujeres, cuyos recursos están tan agotados, según se dice.— Y Florencia sacó de su bolsillo cuatro billetes de banco, que puso en manos de doña María Josefa, y que no era otra cosa que ahorros de la mensualidad para limosnas y alfileres, que desde el día de su catorce años le pasaba su padre.

recursos: medios de subsistencia

ahorros de la mensualidad: (monthly savings)

limosnas: lo que se da a los pobres

alfileres: dinero para gastos personales

Doña María Josefa dilató sus ojos para contemplar la cifra 100 que representaba el valor de cada uno de los billetes; y metiéndolos entre el vestido y el pecho, dijo con gran satisfacción:

—¡Esto es ser federal! Dígale usted a su mamá que le he de avisar a Juan Manuel de este acto de humanidad, y mañana mismo mandaré el dinero al hospital de mujeres.— Y apretaba con sus manos los billetes, como si temiera que se convirtiese en realidad la mentira que acaba de pronunciar.

Después de poco, doña María Josefa relató a la señorita Dupasquier los sucesos de la noche anterior y de ella Florencia supo que no se sabía quién era el joven que se había escapado pero se sabía que él había recibido un hachazo terrible en el muslo izquierdo.

—¿De qué importancia puede serle a usted el saber que el que se ha escapado tiene una herida en el muslo izquierdo?—preguntó Florencia.

—¡Pobre criatura! —exclamó doña María riéndose.— Esa herida me da cuatro medios de averiguación: los médicos que asistan a un herido; los boticarios que despachen medicamentos para heridas; las casas en que se note asistencia repentina de un enfermo; y las lavanderas que laven la ropa sucia en el río.

averiguación: descubrimiento

boticarios: farmacéuticos

La cuñada de Rosas continuó:

—Florencita, debo prevenir que hay moros en la costa; que tenga usted cuidado que no la engañen porque yo la quiero a usted como a una hija.

moros en la costa: peligro

—¡Engañarme! ¿Quién?

—¡Pues es gracioso! ¿Y a quién he de referirme sino a Daniel Bello? ¿A quién ve una cierta Amalia, viuda, independiente, y aislada en su quinta? A Daniel solamente. ¿Qué ha de hacer Daniel, joven y buen mozo, al lado de su prima, joven, linda, y dueña de sus acciones? No han de ponerse a rezar, según me parece. ¿Qué se hace Daniel que no se le ve en ninguna parte? Es porque Daniel va todas las tardes a ver a su prima, y a la noche a ver a usted. Ésta es la moda de los mozos de ahora: dividir el tiempo con cuantas pueden.

Después de poco Florencia volvió a casa, su cabeza perdida en un mar de recuerdos, de reflexiones, y de dudas.

La explicación

A las dos de la tarde Daniel Bello entró en la casa de Florencia para saber lo que había dicho doña María Josefa Ezcurra sobre los sucesos de la noche anterior.

Florencia, creyendo lo que doña María le había dicho sobre las relaciones entre Daniel y Amalia, tenía muchos celos, y estaba enojada con Daniel hasta que él le explicó cómo había salvado a Eduardo y lo había llevado a casa de Amalia.

tenía muchos celos: (was very jealous)

Florencia le refirió en cinco minutos la conversación con doña María Josefa; entonces Daniel dijo a su amada:

—Necesito retirarme, Florencia mía, y lo que es más cruel, hoy no podré volver a verte.

—¿Ni a la noche?

—Ni a la noche.

—¿Acaso irá usted a la casa de Amalia?

—Sí, Florencia. ¿Crees que no debo estar al lado de Eduardo, velar por su vida y por la suerte de mi prima, a quien he comprometido en este asunto de sangre?

velar: cuidar

—Anda, Daniel, —contestó Florencia.

—¿Dudas de mí, Florencia?

—Anda, cuida de Eduardo; es cuanto hoy puedo decirte.

—¡Toma! No nos veremos hasta mañana, y quiero que quede en ti lo que jamás se ha separado de mi pecho.— Y Daniel se quitó del cuello una cadena tejida con los cabellos de su madre y que Florencia conocía bien.

cadena tejida: (woven chain)

Ya Florencia no dudaba; ya no tenía sino amor y ternura por Daniel; porque un instante después de haber llorado en una tierna reconciliación, una mujer ama doblemente a su novio.
Dos minutos después Daniel partió; y Florencia, sentada en un sofá, besaba la cadena de pelo.

tierna: (tender)

Una proclamación del amor

Amalia estaba sentada en un sofá de su salón, sus ojos fijos en una magnífica rosa blanca que tenía en su mano. A su izquierda estaba Eduardo Belgrano, pálido como una estatua.
Eduardo acababa de decirle a Amalia que él tenía el deber de salir de la casa de ella.
—Es necesario que salga usted perfectamente bien de mi casa, y quizás sea necesario que emigre usted, —dijo Amalia, bajando los ojos al pronunciar estas últimas palabras.— Será contra toda mi voluntad si usted se aleja de mi casa como lo desea, sin salir de ella perfectamente bien y en seguridad.
—¡Cómo lo deseo! ¡Oh, no, Amalia, no!— exclamó Eduardo;— yo pasaría una vida, una eternidad, en esta casa.— Y pálido, trémulo de amor y de entusiasmo, llevó a sus labios la preciosa mano de aquella mujer en cuyo corazón acababa de depositar, con su primer amor, la primera esperanza de felicidad que había conmovido su existencia; y durante esa acción precipitada, la rosa blanca se escapó de las manos de Amalia y cayó a los pies de Eduardo.
Los ojos de Amalia bañaron con un torrente de luz los ojos de Eduardo. Esa mirada lo dijo todo.
—¡Gracias, Amalia! —exclamó Eduardo arrodillándose delante de la diosa de su paraíso.— Pero, en nombre de Dios, una palabra, una sola palabra que pueda yo conservar eterna en mi corazón.
Amalia puso la mano sobre el hombro de Eduardo. Sus ojos estaban desmayados de amor, y el índice de su mano señaló la rosa blanca que se hallaba en el suelo.
Eduardo volvió sus ojos al punto señalado, y . . .

emigre: salga del país

precipitada: rápida y agitada

desmayados: lánguidos, débiles

—¡Ah! —exclamó, recogiendo la rosa y llevándola a sus labios.— No, Amalia, no es la beldad la que ha caído a mis pies, yo, soy quien viviré de rodillas; yo, que tendré su imagen en mi corazón, como tendré esta rosa, lazo divino en la tierra.

Una espía

Doña María Josefa tuvo esta entrevista con una negrilla de dieciocho a veinte años, andrajosa y sucia. andrajosa: (ragged)

—Yo sirvo en la tienda de abarrotes que está cerca abarrotes: (dry goods) de la casa de la unitaria Amalia—dijo la negrilla—y de los fondos de casa yo he visto muchas mañanas un mozo que nunca usa divisa y que anda en el jardín divisa: (emblem of the federalist party, one advocating a loosely connected federation of states) de la unitaria cortando flores. Después yo los he visto a él y a ella pasear del brazo en el jardín muchas veces, y a la tarde suelen ir a sentarse bajo de un sauce muy sauce: (willow tree) grande que hay en el jardín, y allí les llevan café.

—Y ¿qué más has visto en esa casa?

—Va casi siempre un mozo que dicen que es primo de la unitaria, y estos meses pasados iba casi todos los días el médico Alcorta, y por eso le digo a su merced que allí había algún enfermo. El enfermo debía ser el mozo que anda cortando flores, porque al principio yo lo veía cojear mucho. cojear: (limp)

—Y, ¿cuándo fue el principio?

—Hace cerca de dos meses, señora; después ya no cojea, y ya no va el médico; ahora se pasea horas enteras con doña Amalia, sin cojear.

—Bien; es necesario que espíes bien cuanto pasa en cuanto: todo lo que esa casa, y que me lo digas a mí, porque con eso haces un gran servicio a la causa, que es la causa de ustedes los pobres, porque en la federación no hay negros ni blancos; todos somos iguales, ¿lo entiendes?

—Sí, señora; y por eso soy federal.

Y la negra salió muy contenta de haber prestado un servicio a la santa causa de negros y blancos, y por haber hablado con la hermana política de Su Excelencia el padre de la federación.

Una visita inesperada

Estaba convenido que Eduardo saldría de la casa de Amalia y volvería a la ciudad, debiendo dentro de pocos meses reunirse con Amalia para siempre. Pero él no estaba perfectamente bien de su herida en el muslo. Podía caminar sin dificultad, pero conservaba aún gran sensibilidad en la herida, y esto, y los ruegos de Daniel, habían demorado un poco más el día de su separación.

ruegos: suplicaciones, peticiones

demorado: retardado

Eran las cinco de una tarde fría y nebulosa, y al lado de la chimenea, sentado en un pequeño taburete a los pies de Amalia, Eduardo le traducía uno de los más bellos pasajes del Manfredo de Byron; y Amalia, reclinado su brazo sobre el hombro de Eduardo, le oía enajenada.

nebulosa: oscurecido por las nubes

taburete: asiento sin brazos ni respaldo

enajenada: encantada

De repente, un coche paró a la puerta, y un minuto después Madama Dupasquier, su hija Florencia, y Daniel entraron en la sala.

Amalia y Eduardo habían conocido el coche a través de las celosías de las ventanas, y como para los que llegaban no había misterios, Eduardo permaneció al lado de Amalia.

celosías: (venetian blinds)

Amalia les sirvió café y todos platicaron un rato. Por fin Amalia dijo a Daniel:

—Daniel, siempre ha sido para nosotros un misterio cómo apareciste cerca de tu amigo Eduardo en aquella terrible noche.

—¡Vaya! Hoy estoy de buen humor, y te lo diré. Es muy sencillo.

Todos se pusieron a escuchar a Daniel, que prosiguió:

prosiguió: continuó

—El cuatro de mayo a las cinco de la tarde recibí una carta de Eduardo, en que me anunciaba que esa noche dejaría Buenos Aires. Como yo tengo algo de adivino empecé a temer alguna desgracia. Fui a su casa; nada, cerrada la puerta. Fui a diez o a doce casas de amigos nuestros; nada tampoco. Fui a la residencia del embajador inglés, señor Mandeville, pero el embajador estaba durmiendo. Entonces acudí a la lógica: nadie se embarca sino por el río; es que así Eduardo

acudí: (I resorted)

va a embarcarse, luego por la costa del río puedo
encontrarlo; y bajé la barranca y me eché a andar por
la costa del río. Al cabo de algunas cuadras percibí un   percibí: oí
ruido de armas; me fui en esa dirección, y a pocos
instantes conocí la voz del que buscaba. Después . . .
después, ya se acabó el cuento —dijo Daniel, viendo
que Amalia y Florencia estaban excesivamente pálidas.

Eduardo se disponía a dar un nuevo giro a la
conversación, cuando el ruido que se sintió en la
puerta de la sala, dieron vuelta todos, y a través del
tabique de cristales que separaba el gabinete, vieron   tabique: pared delgada
entrar a doña María Josefa Ezcurra acompañada de
una hermana política, hermana del tirano Rosas. Su   hermana política:
                                                        (sister-in-law)
coche no se había sentido rodar en el arenoso camino,   arenoso: con mucha arena
distraídos como estaban todos con la narración de
Daniel.

Eduardo, pues, no tuvo tiempo de retirarse a las
piezas interiores, como era su costumbre cuando llegaba alguien que no era de las personas presentes.

¡Descubierto!

De todos cuantos allí había, Eduardo y Amalia eran
los únicos que no conocían a doña María Josefa Ezcurra. Pero cuando doña Agustina, madre de Florencia, dijo a Amalia:

—Tengo el gusto de presentar a usted la señora
María Josefa Ezcurra—un estremecimiento nervioso   estremecimiento: temblor
pasó como un choque eléctrico por el cuerpo de Ama-
lia, y sin saber por qué, sus ojos buscaron los de
Eduardo.

Doña María Josefa se sentó al lado de Eduardo,
dándole la derecha. Amalia se guardó bien de pre-   se guardó bien de pre-
                                                    sentar . . . :(was careful
sentar a Eduardo.   not to introduce)

Después de un rato de plática, Amalia dijo:

—Florencia, ¿por qué no toca usted el piano?

—Ha tenido usted una buena idea, Amalia, —dijo
Madama Dupasquier.— Florencia, ve a tocar el piano.

—Bien, mamá. ¿Qué le gusta a usted, doña María
Josefa?

—Cualquier cosa.

—Venga usted junto al piano.

*"Puso su mano sobre el muslo izquierdo de Eduardo, haciendo sobre el
tal fuerza con todo el peso de su cuerpo que el dolor llegó hasta los
huesos del joven."*

—¡Pero, hija, si ya me cuesta tanto levantarme de donde me siento! dijo doña María Josefa.

—¡Vaya que no es así! Venga usted.

—¡Qué niña ésta! —dijo la vieja con una sonrisa satánica.— Dispense usted, señor Belgrano.— Al decir estas palabras la vieja, fingiendo que buscaba un apoyo para levantarse, puso su mano sobre el muslo izquierdo de Eduardo, haciendo sobre él tal fuerza con todo el peso de su cuerpo que el dolor llegó hasta los huesos del joven.

Dispense: Perdone

fingiendo: aparentando

apoyo: (support)

—¡Ay, señora! —exclamó Eduardo, casi desmayado y pálido como un cadáver.

Daniel llevó sus manos a los ojos y se cubrió el rostro.

La huida

Todos, a excepción de la cuñada de doña María Josefa comprendieron al momento que en la acción de ésta podía haber algo de premeditación siniestra. Doña María Josefa dijo a Eduardo:

— ¿Le he hecho a usted mal? Dispense usted, caballero. Si hubiera sabido que tenía usted tan sensible el muslo izquierdo, le hubiera pedido el brazo para levantarme.

Eduardo le dijo que no era nada, y Florencia tocó y cantó algo sin saber lo que hacía.

Dentro de poco doña María Josefa y su cuñada partieron y Daniel dijo a Amalia:

—¡Ah, prima mía! Todo nuestro trabajo está perdido; esta mujer ha venido intencionalmente a tu casa; ha debido tener alguna delación, alguna sospecha sobre Eduardo, y desgraciadamente acaba de descubrirlo todo. Es necesario que Eduardo deje esta casa inmediatamente y que venga conmigo.

delación: acusación

—¿Y ella, Daniel? —le replicó Eduardo nerviosamente, mirando a Amalia.

—Ella no podrá salvarte.

—Sí, pero yo puedo libertarla de una ofensa.

—Con cuya liberación se perderían los dos. Yo me encargo de Amalia.

se perderían los dos: (the two of you would be lost)

me encargo de: cuidaré de

—Pero, ¿vendrían aquí los hombres de Rosas? —preguntó Amalia toda inquieta, mirando a Daniel.

—Dentro de dos horas, dentro de una, quizás.

—Pero bien, —dijo Eduardo,— ¿dentro de una hora estarás al lado de Amalia?

—Sí, dentro de una hora.

Algunos minutos después, la puerta de la casa de Amalia estaba perfectamente cerrada; y el viejo Pedro, criado de Amalia y veterano de la Guerra de Independencia, a quien Daniel había dado algunas instrucciones antes de partir, guardaba la casa. Con él quedaba Fermín, el criado de Daniel.

La Mashorca

Una hora después un coche llegó a la puerta de la casa donde habitaba el cónsul de los Estados Unidos, el señor Slade.

Dos hombres bajaron del coche. Eran Daniel y Eduardo.

Pero antes de seguirlos es necesario que echemos una mirada sobre la situación pública de Buenos Aires en estos días.

La ciudad se había convertido en una especie de cementerio de vivos. Y por encima de las azoteas los vecinos se comunicaban las noticias que sabían de la Mashorca. [la Mashorca: (Rosas' band of terrorists)]

Este famoso club de asesinos recorría las calles día y noche, aterrando, asesinando, y robando. [aterrando: dando miedo]

La entrada de la Mashorca a una casa representaba una combinación infernal de ruido, de brutalidad, y de crimen.

Entraba en partidas de ocho, diez, doce, o más forajidos. [partidas: grupos] [forajidos: (thugs)]

Unos rompían todos los vidrios y tiraban a los patios la loza y los cristales. Otros descerrajaban las cómodas y los estantes. [loza: (china)] [descerrajaban: (would break the locks off)] [cómodas y estantes: (bureaus and bookcases)]

Otros corrían de cuarto en cuarto buscando a las indefensas mujeres, dándoles con sus grandes rebenques, postrándolas y cortándoles con sus cuchillos el cabello; mientras otros buscaban como perros al hombre o a los hombres dueños de aquella casa. Si allí estaban, allí se los mataba, o de allí eran arrastrados para ser asesinados en las calles; y todo esto en medio [rebenques: (whips)] [postrándolas: (knocking them down)] [arrastrados: (dragged out)]

de un ruido infernal, confundido con el llanto de los
niños, los ayes de las mujeres, y la agonía de la   ayes: (moans)
víctima.
Para el pueblo de Buenos Aires no había esperanza
sino en Dios. Las cárceles se llenaban de ciudadanos.
Las calles se teñían de sangre.
Cada mirada del padre sobre sus hijos era un adiós
del alma, esperando a cada instante el ser asesinado
en medio de ellos.
Y el aire y la luz llevaban hasta Dios la oración
íntima de todo un pueblo que no tenía sino la muerte
sobre su cabeza.

Asilo

Después de dejar en su casa a la señora Dupasquier
y su hija Florencia, Daniel y Eduardo habían reco-
rrido las calles de Buenos Aires en busca de un asilo.
Pero todas las puertas se les cerraban. Al fin se habían
decidido a pedir asilo al cónsul de los Estados Unidos,
el señor Slade.
El gran portón de hierro estaba cerrado. Daniel dio   portón: puerta de afuera
dos fuertes golpes con el llamador y un criado vino,   llamador: (knocker)
sacó una llave del bolsillo, y abrió el portón. En se-
guida les introdujo a una pequeña antesala, donde les
hizo señas de esperar, y pasó a otra habitación.
Dos minutos después volvió y los hizo entrar.
Daniel le pidió la protección de los Estados Unidos
por Eduardo por una noche.
—Ah, bueno. Aquí están los Estados Unidos—dijo
el señor Slade.
—Y ¿no se atreverían a entrar aquí los soldados de
Rosas? —preguntó Daniel.
El señor Slade se rió y respondió:
—Yo soy un amigo del general Rosas. Con el señor
Belgrano tengo veinte refugiados aquí, y si Rosas me
pregunta quiénes están aquí, yo se lo diré. Pero si
manda sacarlos por fuerza, yo tengo aquello;— y señaló
una mesa donde había un rifle, dos pistolas de seis
tiros, y un gran cuchillo; —y allí tengo la bandera de los
Estados Unidos, y levantó su mano señalando el techo
de la casa.

Sr. Slade se despidió en inglés de Daniel.

—Hasta mañana, Eduardo — dijo Daniel.

Y los dos hombres se dijeron elocuentes discursos en el largo y estrecho abrazo que se dieron.

—¡Para *ella!*— fue la última palabra de Eduardo al oprimir a su amigo en sus brazos.   oprimir: (clasping)

*   *   *

A las doce de la noche siguiente un carruaje condu- carruaje: coche
cido por Fermín y seguido por dos jinetes llegó a una pequeña abra del Río de la Plata. En el carruaje esta- abra: abertura
ban Madama Dupasquier, Florencia, Amalia, y su criada Luisa. Los dos jinetes eran Eduardo y Daniel.

En el abra esperaba una ballenera, bajo el mando de un francés, a quien Daniel había contratado para llevarlos al Uruguay.

Al acercarse las señoras, el oficial francés saltó a tierra con toda la galantería de su nación, para ayudarlas a embarcarse.

Había un no sé qué de solemnidad religiosa en ese momento, en medio de las sombras de la noche, y en esas costas desiertas y solitarias.

Había llegado para todos la hora de despedirse de su patria.

A una voz del oficial, la ballenera se desprendió de se desprendió: se separó
tierra, viró luego hacia el sur, y se perdió entre las sombras.

FIN

NTC SPANISH CULTURAL AND LITERARY TEXTS AND MATERIAL

Contemporary Life and Culture
"En directo" desde España
Cartas de España
Voces de Puerto Rico
The Andean Region

Contemporary Culture—in English
Spain: Its People and Culture
Welcome to Spain
Life in a Spanish Town
Life in a Mexican Town
Spanish Sign Language
Looking at Spain Series

Cross-Cultural Awareness
Encuentros culturales
The Hispanic Way
The Spanish-Speaking World

Legends and History
Leyendas latinoamericanas
Leyendas de Puerto Rico
Leyendas de España
Leyendas mexicanas
Dos aventureros: De Soto y Coronado
Muchas facetas de México
Una mirada a España

Literary Adaptations
Don Quijote de la Mancha
El Cid
La Gitanilla
Tres novelas españolas
Dos novelas picarescas
Tres novelas latinoamericanas
Joyas de lectura
Cuentos de hoy
Lazarillo de Tormes
La Celestina
El Conde Lucanor
El burlador de Sevilla
Fuenteovejuna
Aventuras del ingenioso hidalgo
    Don Quijote de la Mancha

Civilization and Culture
Perspectivas culturales de España
Perspectivas culturales de Hispanoamérica

0612

For further information or a current catalog, write:
National Textbook Company
a division of *NTC Publishing Group*
4255 West Touhy Avenue
Lincolnwood, Illinois 60646-1975 U.S.A.

NTC